Koch's noch mal, Mama!

140 Lieblingsrezepte – alle gesund und schnell gemacht!

Cornelia Trischberger

Inhalt

Know-how

Welche Lebensmittel man kaufen soll – und welche man besser stehen lässt:

Die häufigsten Fragen (und natürlich Antworten) rund ums Essen mit Kindern, von „Hilfe, mein Kind isst nur Pommes!“ bis zum Restaurant-Knigge für Kids.

Rezepte

Know-how

Ganz schnell ganz schlau: mit Koch's noch mal, Mama!

Hier gibt's keine langatmigen wissenschaftlichen Abhandlungen (die dann doch keiner liest) – sondern alle wichtigen Informationen genau auf dem Punkt. Vom Pfad durch den Ernährungs-Dschungel und den Vitalstoff-Bausteinen, die groß und stark machen, über die besten Einkaufs-Tipps mit allen Do's und Dont's zu Lebensmitteln – bis zum Elternratgeber, in dem die wichtigsten Fragen rund ums Essen mit Kindern beantwortet werden.
Viel Spaß wünscht Harry Bär!

Der Scout durch den Ernährungs-Dschungel

Folgen Sie unserem Pfad durch die manchmal verwirrende Vielfalt des Lebensmittel-„Dschungels“. Hier erfahren Sie, was Kinder brauchen, damit sie alle wichtigen Nährstoffe bekommen. Wenn Sie sich auf Dauer an diese einfachen Empfehlungen halten, wird Ihr Kind ausgewogen und optimal ernährt.

Obst und Gemüse täglich

Obst und Gemüse liefern Vitamine, Mineralstoffe, Ballaststoffe und sekundäre Pflanzenstoffe.

Fertigprodukte nur im Notfall

In dieser Urwaldfalle lauern massenweise Zusatzstoffe, die den Geschmack oder das Aussehen von Lebensmitteln verändern, die Herstellung erleichtern oder die Haltbarkeit verlängern sollen. Viele Zusatzstoffe sind Allergieauslöser, deshalb Fertigprodukte möglichst meiden.

Milch und Milchprodukte täglich

Milch, Quark, Joghurt oder Käse versorgen die Kids mit Eiweiß und Kalzium.

Öle und Fette sparsam verwenden

Fett ist Dickmacher Nummer eins, aber ganz weglassen geht nicht, denn Fett enthält lebenswichtige essentielle Fettsäuren – vor allem in Pflanzenölen. Deshalb mäßig, aber regelmäßig verwenden!

Süßes ab und zu

Süßigkeiten, Gebäck, Chips und Knabberzeug bringen kaum natürliche, gesunde Inhaltsstoffe, dafür aber reichlich Zucker und Fett. Empfehlen kann man sie also nicht, aber ganz daran vorbei kommt man auch nicht. Deshalb: Süßes ab und zu ist genehmigt.

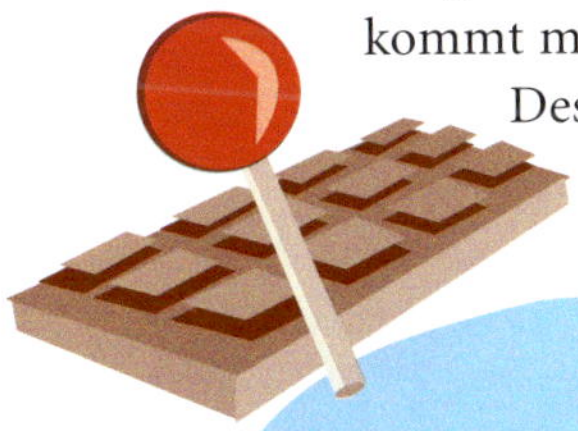

Viel trinken

Kinder sollten mindestens einen Liter pro Tag trinken – Wasser, Mineralwasser, Fruchtsaftschorlen, Kräuter- und Früchtetees.
Limonade und andere zuckerhaltige Getränke sollten immer nur die Ausnahme sein.

Fleisch 2–3-mal pro Woche

Fleisch ist eine hochwertige Quelle für Eiweiß, Mineralstoffe (vor allem Eisen) und B-Vitamine.

1–3 Eier pro Woche

Eier liefern hochwertiges Eiweiß, Vitamin A, Beta-Carotin und Folsäure.

Vollkornbrot oder Vollkornmüsli täglich

Die Sattmacher aus Vollkorn bilden mit Reis, Nudeln und Kartoffeln die Grundlage einer gesunden Ernährung mit wertvollen Kohlenhydraten und vielen Vitalstoffen.

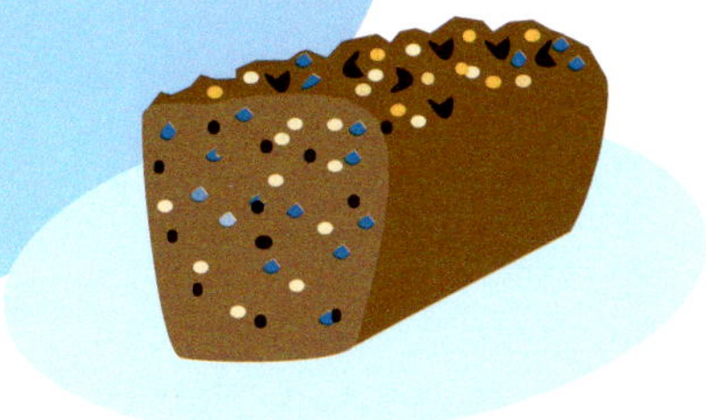

Fisch mindestens 1-mal pro Woche

Fisch ist wertvoller Eiweißlieferant und eine sehr gute Jodquelle. Seefische wie Lachs, Hering und Makrele enthalten außerdem für den Körper lebenswichtige ungesättigte Fettsäuren.

Die wichtigsten Ess-Bausteine

Lust auf einen schnellen Überblick? Keine Zeit für lange ernährungswissenschaftliche Abhandlungen? Für den Einstieg hier alle wichtigen Bausteine unserer Lebensmittel.

Kohlenhydrate

Was sie sind: Neben Fett und Eiweiß gehören sie zu den drei Hauptnährstoffen. Kohlenhydrate kommen als einzelne Moleküle vor (z.B. Traubenzucker oder Fruchtzucker), als Zweierkette (z.B. Haushaltszucker, Milchzucker) oder als lange Kette (z.B. Stärke).

Wozu sie gut sind: Die „langkettigen“ oder „komplexen“ Kohlenhydrate sind besonders wichtig, weil sie lange satt machen und auch in Lebensmitteln vorkommen, die gleichzeitig „Vitalstoffe“ in Form von Vitaminen, Mineralstoffen und Ballaststoffen enthalten (Vollkornbrot, Vollkornflocken, Kartoffeln).

Wie viel Kinder davon brauchen: Mehr als 50 % der täglichen Energie sollten Kinder aus kohlenhydrathaltigen Nahrungsmitteln aufnehmen. Von stark gezuckerten Lebensmitteln wie Limonaden, Süßigkeiten oder Gebäck essen Kinder im Durchschnitt zu viel. Diese Kohlenhydrate bringen nur leere Kalorien – reine Energie ohne gesundes „Zubehör“. Der aus Amerika kommende „Low Carb“-Trend (weniger Kohlenhydrate in der Ernährung) ist vielleicht für Mode-Diäten geeignet, aber auf keinen Fall für die gesunde Kinderernährung.

Eiweiß

Was es ist: Einer der Energie liefernden Hauptnährstoffe (wissenschaftlich: Protein). Eiweiß setzt sich aus Aminosäuren zusammen. Einige sind essentiell – die braucht der Körper, kann sie aber nicht selbst herstellen und muss sie deshalb mit der Nahrung aufnehmen.

Wozu es gut ist: Hauptsächlich, um daraus Muskeleiweiß, Hormone und Enzyme aufzubauen – für Kinder besonders wichtig.

Wie viel Kinder davon brauchen: Etwa 15 % der täglichen Energie sollten Kids aus Eiweiß bekommen – zur Hälfte aus tierischen Produkten wie Eiern, Fleisch, Wurst und Fisch. Und zur anderen Hälfte aus pflanzlichen Lebensmitteln wie Vollkornprodukten, Hülsenfrüchten, Kartoffeln oder Gemüse.

Fett

Was es ist: Der energiereichste der drei Hauptnährstoffe und deshalb zu Recht ein gefürchteter Dickmacher im Essen. Denn zu viel Fett ist ein Hauptgrund dafür, dass heute schon jedes fünfte Kind übergewichtig ist.

Wozu es gut ist: Obwohl man mit Fett sparsam umgehen sollte (vor allem mit tierischen Fetten aus Fleisch, Wurst, Butter), darf man es nicht weglassen. Vor allem in Pflanzenölen finden sich nämlich lebensnotwendige ungesättigte Fettsäuren.

Wie viel Kinder davon brauchen: Nicht mehr als 30–35 % der täglichen Energie sollten Kids aus Fett bekommen.

Vitamine

Was sie sind: Lebenswichtige Substanzen, die in kleinen Mengen in Nahrungsmitteln enthalten sind. Es gibt fettlösliche (A, D, E und K) und wasserlösliche Vitamine (B-Vitamine und Vitamin C). Wasserlösliche Vitamine kann man nur kurz, fettlösliche eine Zeit lang speichern.
Wozu sie gut sind: Vitamine sorgen dafür, dass alle Stoffwechselvorgänge funktionieren und das Immunsystem gestärkt wird.
Wie viel Kinder davon brauchen: Wenn Sie unserem Pfad durch den Ernährungs-Dschungel folgen, dann bekommen Ihre Kinder ausreichend Vitamine. Auch die, mit denen die Kids oft unterversorgt sind: Vitamin A, E und B-Vitamine wie B1, B2, B6, B12 und Folsäure.

Sekundäre Pflanzenstoffe

Was sie sind: Bioaktive Substanzen, die vor allem in buntem Gemüse und Obst, Getreide und Hülsenfrüchten stecken. Es gibt zehntausende solcher Bioaktivstoffe, die schon in minimaler Dosis wirken – viele sind noch unerforscht.
Wozu sie gut sind: Sekundäre Pflanzenstoffe sind wichtig für ein gut funktionierendes Immunsystem. Sie schützen vor Krebs, sind entzündungshemmend und blutdrucksenkend. Am bekanntesten sind die Carotinoide. Sie schützen die Körperzellen vor freien Radikalen (aggressiven Stoffwechselprodukten) und kommen z.B. in Tomaten, Möhren, Aprikosen und Spinat vor.
Wie viel Kinder davon brauchen: Auch hier gilt: Mit den Regeln auf Seite 6–7 werden Kids mit sekundären Pflanzenstoffen gut versorgt.

Mineralstoffe

Was sie sind: Chemische Elemente, die ursprünglich in Mineralien und Steinen vorkommen. Die Pflanzen holen sie sich mit den Wurzeln aus der Erde. Wir nehmen Mineralstoffe direkt mit dem Trinkwasser auf, mit pflanzlichen Nahrungsmitteln oder über das Fleisch von Tieren, die sich von diesen Pflanzen ernähren.

Wozu sie gut sind: Wichtig für den Stoffwechsel und als Bausubstanz für Knochen und Zähne. Es gibt Mengen- und Spurenelemente. Mengenelemente sind Natrium, Kalium, Kalzium, Phosphor und Magnesium. Zu den Spurenelementen zählen Zink, Mangan, Kupfer, Selen, Chrom, Molybdän, Kobalt, Jod, Fluor und Eisen. Der Körper braucht Spurenelemente nur in winzigen Mengen. Einzige Ausnahme: Eisen – weil es den Sauerstofftransport im Blut managt, benötigen wir davon größere Mengen.
Wie viel Kinder davon brauchen: Besonders wichtig für Kids sind Eisen, Kalzium und Jod. Und wieder gilt: Halten Sie sich an die Empfehlungen unseres Ernährungs-Scouts auf Seite 6–7.

Ballaststoffe

Was sie sind: Unverdauliche Pflanzenbestandteile, die in Vollkornprodukten, Kartoffeln, Hülsenfrüchten, Obst und Gemüse stecken.
Wozu sie gut sind: Sie sättigen, regen die Verdauung an und sorgen für eine gesunde Darmflora (besonders wichtig für das Immunsystem).
Wie viel Kinder davon brauchen: Wenn Sie unseren Empfehlungen im „Wegweiser durch den Ernährungs-Dschungel" (Seite 6–7) folgen und täglich Obst, Gemüse und Vollkornprodukte auf den Speiseplan setzen, erhalten Kinder automatisch ausreichend Ballaststoffe.

Einkaufen

Was darf's denn heute sein?

Oder: Einkaufen leicht gemacht! Hier gibt es schnell und auf den Punkt gebracht die Do's and Dont's bei Lebensmitteln. Welche man kaufen soll – und welche man besser stehen lässt. Welche aus dem Bio-Laden sein sollen – und welche auch ohne Bedenken in den Supermarkt-Wagen können. Warum die einen echt wertvoll und gesund sind – und die anderen reine „Kunstprodukte". Und das natürlich alles unter besonderer Berücksichtigung unserer wichtigsten Zielgruppe: der Kids, für die Eltern nur das Beste wollen!

Das Wichtigste über Milch, Milchprodukte und Milchersatz

Die Milchfamilie ist sehr groß und hat eine weit verzweigte Verwandtschaft. Milch, Joghurt, Quark, Frischkäse und Käse – wie kauft man am besten ein?

Kaufen:

- Am besten „Bio"-Milch – weil die Kühe auch „Bio"-Futter bekommen, enthält sie die wenigsten Schadstoffe. Gibt's auch im Supermarkt.
- Für Kinder mit Gewichtsproblemen: fettarme Milchprodukte (Milch mit 1,5 % Fett, Frischkäse mit 5–12 % Fett und Schnittkäse bis 30 % Fett i. Tr.). Die schmecken gut und man spart „verstecktes" Fett! Für normalgewichtige Kinder kann ruhig Vollmilch auf dem Einkaufszettel stehen.
- Für Kinder, die Milch und Milchprodukte nicht vertragen (siehe auch Seite 94–95):
  Sojaprodukte, von Sojadrink bis Sojajoghurt. Bitte darauf achten, dass sie nicht aus gentechnisch verändertem Soja hergestellt sind; das muss in Deutschland auf der Verpackung kenntlich gemacht werden.

Nicht kaufen:

- Magermilch (heißt auch „entrahmte Milch") – denn mit ihrem Fettgehalt von nur 0,3 % ist gleichzeitig der Gehalt an dem, was Milch wertvoll macht, reduziert: den in Milch enthaltenen, wichtigen fettlöslichen Vitaminen A, D, E und K.
- Sämtliche Fruchtjoghurts, Quarkspeisen und „Kinder"-Milchprodukte. Hier sind die Zutatenlisten voll von Stabilisatoren, Farbstoffen, Aromen, Verdickungsmitteln und – nicht zuletzt – Zucker!

Das Wichtigste über Obst und Gemüse

Gerade bei Obst, Gemüse und Salat liegt die Empfehlung „am besten nur Bio-Ware" am nächsten. Vieles wird roh gegessen – und die obligatorischen Spritzmittel aus dem konventionellen Anbau kriegt man deshalb ziemlich direkt auf den Teller. Es gibt nur leider ein kleines Problem: das liebe Geld! Für die meisten Familien mit Kindern ist ein täglicher Einkauf im Bioladen unrealistisch – einfach viel zu teuer. Deshalb:

Kaufen:

- Am besten Bio-Gemüse und Bio-Obst aus dem Supermarkt. Liegt preislich über der spanischen und holländischen Massenware, ist aber deutlich billiger als in den meisten Bio-Läden. Die großen Supermarktketten, die eigene Bio-Linien anbieten, unterziehen sich ebenso einer freiwilligen Kontrolle wie z.B. die großen Bio-Marken Demeter, Naturland oder Bioland. Nicht-Bio-Ware wegen eventueller Rückstände wenn möglich schälen.

- Und grundsätzlich gilt: Obst und Gemüse immer besonders gründlich waschen.

Nicht kaufen:

- Gentechnisch veränderten Mais. Da gentechnisch veränderte Lebensmittel kennzeichnungspflichtig sind, unbedingt in die Zutatenliste auf der Verpackung schauen, dort muss ein entsprechender Zusatz stehen. Über die langfristige Wirkung von gentechnisch manipulierten Nahrungsmitteln auf den menschlichen Organismus weiß man einfach noch zu wenig.

- Obst und Gemüse, das schon im Regal „alt" – also schrumpelig und fleckig – aussieht: je länger die Lagerzeit, desto geringer der Vitamin- und Vitalstoffgehalt!

Diese Zeichen stehen für geprüfte Bio-Qualität

Orientieren Sie sich am besten an Bio-Siegeln. Die gewährleisten, dass es sich auch wirklich um Bio-Ware handelt. Hier eine kleine Auswahl aktueller Bio-Siegel:

Staatliches Bio-Siegel

EU-Emblem

regionale Gütezeichen

Öko-Handelsmarken im Supermarkt

Deutsche Anbau-Verbände

Das Wichtigste über Nudeln und Reis

Bei Nudeln und Reis gehen wir völlig „unideologisch“ einkaufen! Natürlich müssten wir eigentlich unter knallharten ernährungswissenschaftlichen Gesichtspunkten Nudeln aus Vollkornmehl und ungeschälten Reis empfehlen. Aber: Was nützt die „wertvollste“ Pasta, wenn sie ungegessen auf dem Teller liegen bleibt? Denn leider haben sich die Vollkornnudeln bei den meisten Kids schon durch ihre braune Farbe disqualifiziert, bevor sie überhaupt eine Chance haben, in den Mund zu kommen. Und der Geschmack – seien wir mal ehrlich – ist in den meisten Fällen wirklich nicht überwältigend. Unsere Kids haben viele Vollkornnudeln durchprobiert – am besten akzeptiert wurde noch die ein oder andere Sorte aus Dinkelmehl. Aber ein echter kulinarischer Genuss war nicht dabei. Lassen Sie doch Ihre Kinder ruhig auch mal eine Testreihe machen!

Auch Vollkornreis verweigern die meisten Kinder wegen der Optik oder aus Geschmacksgründen. Und es kommt noch ein weiterer, kochtechnischer Faktor dazu: Er braucht einfach ziemlich lange, um gar zu werden – da ist in 20 Minuten noch nichts „auf dem Tisch“!

Verpassen Sie Ihrem Sprössling mit Hilfe unserer Rezepte (z.B. auf den Seiten 38–41 und 44–45) die nötige Vollkorn-Ration stattdessen mit leckeren Broten und Müslis – ganz unauffällig nach „Bärchen-Art“.

Kaufen:

- Uns schmeckt Pasta aus Italien einfach am besten – die lässt sich prima kochen und war auch bei unseren Test-Kids der absolute Favorit.

- „Parboiled-Reis“: Der ist schön hell, schnell gegart und hat durch ein spezielles Herstellungsverfahren noch wesentlich mehr Vitamine und Mineralstoffe als normaler „weißer“ Reis. Besonders lecker und aromatisch ist der „Parboiled Basmati-Reis“.

Das Wichtigste über Brot

Hier können Sie vollwertmäßig richtig zuschlagen! Vollkornbrot ist gesund und lecker – man sollte die Kinder am besten schon möglichst früh daran gewöhnen. Der Grund: Bei Vollkorn sind im Vergleich zu Weißbrot noch alle wichtigen Inhaltsstoffe (B-Vitamine, Mineralstoffe) enthalten, und seine Ballaststoffe machen viel länger satt. Probieren Sie zusammen mit den Kids möglichst viele Brotsorten aus, von Hirse bis Roggen, von Kürbiskern bis Haferschrot (am besten mit unseren Rezepten, z.B. auf Seite 44–45). Nur so finden Sie heraus, was Ihren Kindern wirklich gut schmeckt.

Leider muss unverpacktes Brot nicht gekennzeichnet werden. Da aber viele Bäcker heute auch schon zur „Backmischung" greifen – bitte nachfragen, was drin ist.

E 234
E 1105

Nicht kaufen:

Brote, die gesundheitlich bedenkliche Zusatzstoffe enthalten, z.B.:

- Konservierungsstoffe: Verhindern Schimmelbefall bei verpacktem Brot, vor allem bei Schnittbrot. Sorbinsäure (E 200–E 203) und Ameisensäure (E 236–E 238) sind unschädlich. Andere Konservierungsstoffe können Allergien auslösen – also am besten meiden!
- Enzyme: Technische Hilfsstoffe, die bis auf E 234 und E 1105 nicht deklariert werden müssen. Verkürzen die Teigzubereitungszeit z.B. bei Roggenbrot und können Allergien auslösen – gehören nicht ins Brot.
- Emulgatoren: Halten das Brot länger frisch und saftig. Nicht alle sind unbedenklich – lieber meiden.
- Antioxidantien/Säuerungsmittel: Erhöhen die Haltbarkeit. Unbedenklich ist Vitamin C (Ascorbinsäure), andere wegen ihres möglichen Allergiepotentials meiden.
- Backmittel: Dahinter kann sich eine ganze Palette von Zusatzstoffen verbergen – auf jeden Fall meiden (nicht mit Backtriebmitteln verwechseln)!

Kaufen:

- Unsere Favoriten im Supermarkt:
  Vollkorntoast, dunkles Roggenvollkornbrot (natürlich ohne irgendwelche chemischen Zusätze) und Graham-Brot (ist aus fein vermahlenem Vollkorn-Getreide).
- Natürlich alle Vollkornbrote vom Bio-Bäcker.
- Vollkornbrote von „normalen" Bäckern – hier bitte nachfragen, ob die Brote auch tatsächlich aus reinem Vollkorn hergestellt sind (und ohne „Backmittel").
- Übrigens: Backtriebmittel wie Hefe, Backpulver, Weinstein, Hirschhornsalz oder Pottasche sorgen für Teiglockerung durch Freisetzen von Kohlendioxid und sind unbedenklich.

Ruhig ab und zu mal kaufen:

- Pita-Brot, Baguette oder Ciabatta-Brot – manchmal darf's auch aus purer Freude am Genuss ganz undogmatisch Weißbrot sein ...

Das Wichtigste über Fleisch und Wurst

Fleisch kann wirklich lecker sein und leistet einen wichtigen Beitrag für die Kinderernährung – käme beim Einkaufen nicht immer wieder dieses leichte Missbehagen auf ... Zu oft haben uns in den letzten Jahren Fleisch-Skandale den Appetit verdorben, als dass wir noch ganz unbedarft zugreifen könnten. Was also tun?

Nicht kaufen:

- Innereien (haben eine zu hohe Schadstoffbelastung).

- Formfleisch – wird als TK-Ware unter klangvollen Fantasienamen angeboten, zum Beispiel als „Hähnchenschnitzel, paniert“ oder „Würzige Hähnchen-Happen“. In Wirklichkeit handelt es sich hier nicht um richtige Fleischstücke, sondern um eine fleischartige Masse, zusammengesetzt aus billigen, zerkleinerten Fleischresten, Eiweiß und Bindemitteln, Aromen und Geschmacksverstärkern. Formfleisch ist oft auch in Fertiggerichten enthalten.

Kaufen:

- Bio-Fleisch – sicher die beste aller Möglichkeiten. Die Logos von Bioland, Naturland, Biopark und Demeter weisen auf Öko-Fleischqualität hin. Und: Es gibt in Deutschland das staatliche Bio-Siegel vom Ministerium für Verbraucherschutz, Ernährung und Landwirtschaft (siehe auch Seite 13).

- Auch gut – und preisgünstiger: Fleisch und Wurst aus dem Metzgerei-Fachgeschäft. Der Metzger kauft die Tiere im Umland, kennt die Höfe und weiß, wie die Tiere dort gehalten und gefüttert werden.

- Im Supermarkt Fleisch mit Gütesiegel kaufen. Neben denen für Bioqualität (siehe Seite 13) gibt es viele andere Labels. Über die Verbraucherinitiative e.V. kann man sich sämtliche Gütesiegel plus Bewertung über die Internetadresse www.label-online.de anschauen.

- Seit BSE muss verpacktes Rindfleisch aus der Fleischtheke ein Etikett tragen, das den Weg von der Erzeugung bis zur Schlachtung genau dokumentiert. Mehr Infos über Gütesiegel und Fleischqualität – z.B. Markenfleischprogramme – über www.verbraucher.org und www.foodwatch.de.

- Immer mageres Fleisch – möglichst abwechselnd Rind, Schwein und Geflügel.

- Bei Wurst fettarme Sorten bevorzugen, zum Beispiel Putenbrust, Geflügelwurst, mageren Schinken und Braten.

Das Wichtigste über Fisch

Hier ist der Frische-Aspekt besonders wichtig, da Fischeiweiß rasch verdirbt (frischer Fisch riecht nicht!). Wer keinen Fischhändler in seiner Nähe hat, der mehrmals wöchentlich mit frischem Fisch beliefert wird, sollte besser auf Tiefkühl-Ware zurückgreifen.

Kaufen:

- Aus der Tiefkühltruhe: Fisch, Fischfilet, Meeresfrüchte und Fischstäbchen (Rezept Seite 71). Wegen seiner positiven Seiten – leicht verdauliches Eiweiß, Jod, gesunde Fettsäuren – kann man hier getrost über die Panade des Fischfilets hinwegsehen.
- Dosenfisch – ist viel besser als sein Ruf, denn vor allem die fetteren Seefische (Lachs, Hering, Makrele, Tunfisch) enthalten essentielle Omega-3-Fettsäuren, die u.a. unentbehrlich für Wachstum und Gehirnentwicklung sind. Bitte darauf achten, dass Tunfisch „delfinfreundlich“ gefangen wurde – die Dose trägt dann eine entsprechende Aufschrift – vielen Kindern ist das ganz wichtig! Welche Marken mit dieser Aufschrift auch wirklich ernst machen, kann man im Internet nachlesen: www.delphinschutz.org/dokus/thunfisch-liste.pdf

Nicht kaufen:

- Gefrorenen Fisch mit einer dicken Eisschicht – das ist möglicherweise ein Hinweis darauf, dass die Kühlkette schon mal unterbrochen und die Ware angetaut war!
- Keine Fischzubereitungen wie Fischfrikadellen – sie sind aus zerkleinertem Fisch und enthalten in der Regel Zusatzstoffe, Aromen und Stabilisatoren (Ausnahme: Fischstäbchen – die sind aus Fischfilet).

Das Wichtigste über Tiefkühlkost

„Tiefgekühlt ist halb gewonnen“ könnte man sagen, wenn man den Vitamingehalt von gefrorenem Gemüse und Dosengemüse vergleicht. Warum? Die TK-Gemüse werden meist ohne lange Lagerung erntefrisch schockgefrostet – darum bleiben ihre Nährstoffe optimal erhalten. Bei wissenschaftlichen Untersuchungen über den Vitamingehalt bei Gemüse schneidet die TK-Ware meist sogar besser ab als frisches Gemüse, das oft schon einige Tage Lagerung hinter sich hat.
Gerade für die Vorratshaltung zu Hause ist Tiefkühlware deshalb „wärmstens“ zu empfehlen!

Kaufen:

- Am besten alle Lebensmittel „pur“, also in naturbelassenem Zustand – wie z.B.Erbsen, Spinat, Beeren, Fischfilet oder Scampi.

Nicht kaufen:

- Pizza, Rahmspinat und alles mit Soße – die laufen schon unter der Rubrik „Fertiggerichte“! Warum wir was dagegen haben, steht auf Seite 20.

Das Wichtigste über Dosen

Dosen haben einen schlechten Ruf unter Gesundheitsaposteln. Natürlich gibt es etliche Produkte in Dosen, die alles andere als gesund sind. Aber nicht alles, was in Dosen oder Gläsern abgefüllt im Supermarkt steht, muss schlecht sein! Dosentomaten zum Beispiel: Die durften in ihrer Heimat satt Sonne tanken. Und sie sind vor dem Eindosen nur gehäutet – sonst nichts. Dementsprechend hoch ist ihr Gehalt an sekundären Pflanzenstoffen und Vitaminen – Treibhaustomaten sehen dagegen richtig blass aus.
Gute Dose, schlechte Dose? Hier die wichtigsten Regeln, um die einen von den anderen sicher zu unterscheiden.

Nicht kaufen:

- Erbsen und Möhren. Die gibt's zwar auch in der Dose ohne Zusatzstoffe. Aber tiefgekühlt behalten Erbsen einfach mehr von ihren gesunden Inhaltsstoffen – also ist dies hier die Konservierungsart der Wahl. Und Möhren kann man eigentlich das ganze Jahr über sogar in Bio-Qualität im Supermarkt frisch kaufen – wieso also zur Dose greifen ...?

- Alle Fertiggerichte (Gulaschsuppen und Ähnliches) und Dosenfrüchte in Sirup. Warum? Fertiggerichte enthalten in der Regel künstliche Geschmacks- und Konservierungsstoffe – gerade in der Kinderernährung ein absolutes No-No. Und die Früchte sind nicht nur gekocht, sondern schwimmen auch noch in dickflüssiger Zuckersoße!

Kaufen:

- Tomaten, Bio-Mais, Oliven, Artischockenherzen, Bohnenkerne, Kichererbsen, Tunfisch. Warum? Diese Lebensmittel sind nur vorgegart oder in Essig oder Öl eingelegt, ansonsten aber ohne künstliche Zusatzstoffe.

Das Wichtigste über Butter und Öl

Dafür nehme ich aber nur „die gute Butter" – diesen Spruch kennt sicher jeder, der eine Oma hat. Und sie hat einfach Recht! Denn Butter enthält die wichtigen fettlöslichen Vitamine A und D: A ist zuständig für gute Augen, D für starke Knochen und Zähne. Und weil offene Butter im Kühlschrank ganz schnell den Geschmack anderer Lebensmittel annimmt (und gerade Kids das gar nicht schätzen), sollte man sie entweder in einer wieder verschließbaren Hartbox kaufen oder in einer Butterdose aufbewahren.

Kaufen:

- Am besten Butter aus Bio-Milch – nicht fettreduziert, angereichert oder irgendwie aufbereitet (Zutatenliste lesen).

Nicht kaufen:

- Margarine – die ist im Unterschied zu Butter kein Naturprodukt, sondern industriell hergestellt (und bei der industriellen Bearbeitung können z.B. schädliche Stoffe wie Transfettsäuren entstehen).

Für Öl gilt dasselbe wie für Butter: am besten pflanzliche Öle mit reiner Sortenbezeichnung verwenden (dafür bitte ebenfalls die aufgedruckte Zutatenliste studieren).

Kaufen:

- Sonnenblumen-, Maiskeim- und Distelöl mit mehrfach ungesättigten Fettsäuren – ideal für Salate, kalte Vorspeisen und zum schonenden Erhitzen.
- Olivenöl und Rapsöl sind wegen ihrer Zusammensetzung weniger empfindlich und deshalb auch zum Braten und Backen geeignet.
- Leinöl – ein Spezialöl aus dem Reformhaus. Enthält wertvolle Omega-Fettsäuren (für Wachstum und Entwicklung), ist aber leicht bitter und ziemlich teuer – deshalb nur wie ein „Gewürz" verwenden (siehe auch unsere Rezepte auf Seite 108–109).
- Kalt gepresste Öle, z.B. Nussöle oder besondere Olivenöle – enthalten wegen einer besonders schonenden Pressung noch sehr viele Wert gebende Inhaltsstoffe (Vitamine, essentielle Fettsäuren und natürliche Aromastoffe). Gut für Salatsoßen, aber nicht für hohes Erhitzen geeignet.

Nicht kaufen:

- Öle mit der Bezeichnung „Pflanzenöl" – sie werden aus verschiedenen pflanzlichen Ölen zusammengemischt. Die Sorten müssen zwar in der Zutatenliste stehen, aber über die Mengenrelationen weiß man deshalb noch nichts!

Das Wichtigste über Fertigprodukte und Fastfood

Offiziell heißt diese Sorte Essen wohl „Convenience Food“, bequemes Essen, weil's schnell geht und satt macht. Aber das war's auch schon! Denn ungewollt bekommt man in den meisten Fällen auch so „gute“ Dinge wie Geschmacksverstärker (kann Unverträglichkeitsreaktionen hervorrufen), synthetische Farbstoffe (können Allergien auslösen), künstliche Aromen (an deren intensiven Geschmack sich Kinder schnell gewöhnen) und Süßstoffe (konditioniert Kinder auf extremen Süßgeschmack) mitgeliefert.

Nicht kaufen:

- Fertigprodukte wie Tütensuppe, Soßenpulver, Tiefkühlpizza und Dosen-Ravioli – die haben nur wenige gesunde Nährstoffe, aber viele Zusatzstoffe, die u.a. Allergien auslösen können. Kinder werden auf den „Einheitsgeschmack“ von Fertigprodukten mit künstlichen Aromen geradezu konditioniert. Und parallel dazu verlieren sie die Fähigkeit, die ganze Bandbreite „echter“ Aromen wahrnehmen und schmecken zu können. Es gibt Teenager, denen nur noch Ravioli aus der Dose schmecken ...

Die Alternative:

- Wer mal keine Zeit hat zum Kochen, sollte lieber zum schnellen Käsebrot als zum Dosenöffner greifen. Oder gleich ganz bewusst die nächste Burger-Station ansteuern (siehe auch Eltern-Ratgeber, Seite 30). Dann ist „Junk-Food“ als Ausnahme ein Event, aber nicht die Regel!

Das Wichtigste über Süßigkeiten

Auch Süßigkeiten lassen sich nicht über einen Kamm scheren – es gibt welche, die einfach weniger süß, weniger fett und weniger ungesund sind. Die kann man entweder kaufen oder selbst machen (siehe z.B. Rezepte „Süße Mäuse“, Seite 101, „Muscheln mit Süßperlen“ Seite 132 oder „Kinderpralinen, Seite 134“).

Kaufen:

- Gummibärchen – haben kein Fett, und Bio-Bärchen gibt's auch aus Fruchtsaft und ohne Gelatine.
- Lakritze – kaum Fett und gut für den Magen.
- Puffreis mit Schokolade – viel Reis, wenig Schokolade.
- Dunkle Edelbitterschokolade mit mehr als 60 % Kakao-Anteil – die haben wir zum Kochen und Backen in diesem Buch fast ausschließlich verwendet, weil sie weniger Fett und Zucker enthält. Unverarbeitet ist sie aber leider für Kinder zu bitter.

Nicht kaufen:

- Alle angeblich speziell für Kinder entwickelten Naschereien. Studieren Sie unbedingt mal die klein gedruckte Zutatenliste – und dann Milchschnitte und Co. am besten im Regal liegen lassen! Aber: kein Drama daraus machen, wenn Ihr Kind mit vollen Backen kauend nach Hause kommt, weil Oma, Tante, die Nachbarin ihm eines dieser Produkte geschenkt haben ... Ausnahmen dürfen eben auch mal sein!

Das Wichtigste über Getränke

Kinder brauchen viel zu trinken! Je nachdem, wie alt die Kinder sind, wie stark sie sich bewegen und ob es draußen heiß oder kalt ist, liegt ihr Flüssigkeitsbedarf zwischen 1–1,5 l pro Tag! Bieten Sie ihnen zu jeder Mahlzeit etwas an. Und auch sonst: Sorgen Sie dafür, dass die Kinder auch zwischendurch problemlos selbst an Becher und Getränke rankommen können, wenn sie möchten.
Noch was: Milch und Milchgetränke sind zwar wertvolle Lebensmittel, aber keine Durstlöscher! Behandeln Sie Milch & Co. als Zwischenmahlzeit, sonst nehmen die Kinder unbemerkt zu viel Energie und Kalorien auf.

Nicht kaufen:

- Fruchtsaftgetränke und Nektar – das sind mit Wasser verdünnte Fruchtsäfte plus Zuckerzusatz!
- Fertige Apfelsaft-Schorlen – sie sind teuer und meist mit künstlichem „Apfel-Aroma".
- Fertige „Eis-Tees" – enthalten, von Aroma und Zucker gar nicht zu reden, oft auch Koffein.
- Tees mit künstlichen Aromastoffen und Tees aus Fertiggranulaten („Zitronentee") – viel Zucker und jede Menge Zusatzstoffe.
- Malzbier – hat viel Zucker, aber nur wenig Vitamine und Mineralstoffe.
- Soft-Drinks wie Cola & Co. für zu Hause – beim Restaurantbesuch oder zu besonderen Gelegenheiten sind auch mal Cola und Limo O.K. Aber: „Hardliner", die in grellen Neonfarben aus dem Regal leuchten, ausschließlich aus Wasser, Zucker und vielen E-Nummern für Farb- und Aromastoffen (siehe Zutatenliste) bestehen und im schlimmsten Fall sogar die Zunge färben, sollten absolut tabu sein!

Kaufen:

- Mineralwasser – prickelt schön und lässt sich mit reinen Säften (Apfel, Johannisbeere, Trauben, Orange) prima zu durstlöschenden Saftschorlen vermischen: Die schmecken schön fruchtig und enthalten Vitamin C, außerdem viel Kalium und wenig Natrium (gut für Muskelfunktion und Regulation des Wasserhaushalts). Besonders mit kalzium- und magnesiumreichem Mineralwasser (für Nerven- und Muskelfunktionen, Bausubstanzen für Knochen und Zähne) auch als Getränk nach dem Sport die erste Wahl.
- Ungesüßte Früchte- und Kräutertees – es gibt eine Riesenauswahl an tollen Mischungen ohne Aroma!
- Reine Fruchtsäfte (Apfel-, Orangen-, Trauben-, Mehrfruchtsaft) enthalten im Gegensatz zu Fruchtsaftgetränken und Fruchtnektaren 100 % Frucht. Die Säfte können aus einer Direktpressung stammen (ziemlich teuer) oder aus Fruchtsaftkonzentrat hergestellt sein, dann steht „aus Konzentrat" auf der Flasche oder der Verpackung. Bestimmten (sauren) Fruchtsäften, wie z.B. Johannisbeersaft, darf Zucker zugesetzt werden – das muss in der Zutatenliste stehen. Fruchtsäfte sind vitamin- und mineralstoffreich, durch ihren fruchteigenen Zucker haben sie aber auch ziemlich viel Energie. Super zum Frühstück oder mal zwischendurch – pur als Durstlöscher aber nicht geeignet!

Die Guten

„Die Guten“ aus Bio-Laden und Reformhaus – mit diesen Lebensmitteln bringen Sie auf ganz natürliche Weise eine Extra-Portion Vitamine und Mineralstoffe ins Kinder-Essen!

Acerolasaft
Leicht säuerlicher Saft aus Acerolakirschen, hat den höchsten Vitamin C-Gehalt schlechthin: Schon 1 EL, in Getränken oder Salatsoßen verrührt, deckt den gesamten Tagesbedarf und schützt vor Erkältungen.
Optimal: Gekühlt behält Acerolasaft auch für längere Zeit seine Vitaminpower (gibt’s im Reformhaus).

Chufas-Nüssli
Gemahlene Erdmandeln aus Spanien und Portugal (im Reformhaus). Ballaststoffreich, deshalb gut für die Verdauung, außerdem reich an Kalium, Kalzium, Magnesium und Eisen. Lecker mit Joghurt und Müsli (siehe „Zwieback-Müsli“, Seite 41).

Leinöl
Enthält wertvolle ungesättigte Fettsäuren, besonders Omega-3-Fettsäuren, die sonst vor allem in fettreichen Seefischen vorkommen (siehe Rezepte Seite 108–109).

Birnendicksaft
Geschmacklich neutraler als Honig, inhaltlich wertvoller als Zucker (weil mehr Nährstoffe). Deshalb in diesem Kochbuch das Süßungsmittel unserer Wahl!

Trockenfrüchte (ungeschwefelt!)
Machen durch ihren Fruchtzuckergehalt vieles auf „gesunde“ Art süß und lecker (siehe z.B. „Süße Mäuschen“, Seite 134, oder „Kinder-Pralinen“, Seite 101). Sie sind ballaststoffreich (gut für die Verdauung!), und durch das Trocknen sind manche Vitamine, vor allem aber die Mineralstoffe, stark konzentriert! Kleines Beispiel: 50 g frische Feigen enthalten 19 mg Kalzium, 50 g getrocknete Feigen 125 mg. Dafür ist dann aber auch der Kaloriengehalt entsprechend höher (wichtig für übergewichtige Kinder).

Weizenkeime
Top-Lieferanten für die Vitamine E, D und B: Echte Knochen- und Nervennahrung! Nicht mitkochen, am besten ins Müsli mischen (siehe „Strohhalm-Müsli“, Seite 52).

Die Würzigen

„Die Würzigen" für den Geschmack – wer hat eigentlich gesagt, dass Kinder „langweilig" gewürzte Speisen lieber mögen? Wir glauben, dass die kindlichen Geschmacksknospen ebenso empfänglich sind für feine Nuancen wie die von Erwachsenen. Natürlich nicht zu scharf (weil's brennt) und nicht zu salzig (nicht gesund) – aber mit ein paar raffinierten Würzhelfern werden auch Suppen, Soßen und Dressings für Kinder richtig lecker!

Ajvar
Paprikacreme aus dem Glas (Supermarkt; aber nicht die „feurig-scharfe" Variante kaufen).

Basilikum
Kids lieben ihn! – Wird im Töpfchen verkauft und kann so nach Bedarf auch im Winter geerntet werden (Supermarkt).

Vanille
Entweder als Schote im Glasröhrchen (Supermarkt) oder als gemahlene Vanille (Bioladen).

Sojasoße
„Helle" Variante wählen: schmeckt milder und färbt nicht so stark.

Kelp oder Kelpamare
Unser biologischer „Maggi-Ersatz". Wird aus Seetang hergestellt und enthält deshalb besonders viel Jod, Magnesium und Kalium.

Ingwer
Frische Würzknolle mit dem ganz besonderen Aroma (Asia-Laden, Supermarkt).

Gemüsebrühe
In diesem Fall müssen wir einfach ein bisschen Werbung machen und den Firmennamen nennen. Wir empfehlen die Gemüsebrühen-Paste aus dem Glas von „Cenovis" – uns schmeckt sie am besten (Bio-Laden oder Reformhaus)!

Meersalz
Hat etwas mehr Mineralstoffe und Spurenelemente als normales Kochsalz, außerdem ist es naturbelassen und jodhaltig.

Die Dekorativen

... so leicht kann „Schöner kochen" sein!

Mixer und Pürierstab

Unerlässlich, um zum Beispiel aus ganz normalen Erbsen einen „Erbsensee" zu zaubern oder einfache Milch in Capuccino-Schaum zu verwandeln! Gibt's in Kaufhäusern und Haushaltswaren-Geschäften.

Puppengeschirr

Kleine Leute, kleine Portionen, kleines Geschirr: In der Puppentasse serviert, wird jede Suppe sofort zum absoluten Renner! Gibt's in Kaufhäusern und Spielzeug-Geschäften.

Lunch-Box

Auch Pausenbrote wollen ein schönes Zuhause: In der selbstgestalteten Lunch-Box kommen alle Schul-Snacks ganz groß raus! Einfach eine „ganz normale" Plastik-Brotzeitschachtel mit unseren Vordrucken auf der hinteren Umschlagseite bekleben!

Strohhalme

Mit Strohhalm ist Trinken einfach viel schöner – und so gesunde Sachen wie das „Strohhalm-Müsli" (Seite 52) kommen ganz ohne Probleme ins Kind! Gibt's in dick und dünn, in Plastik und Natur, in weiß und bunt (in Kaufhäusern und Supermärkten).

Kaufladentüten

Kann man fertig kaufen, aber auch ganz einfach selber machen. Alles, was da drin steckt, kriegt auf einmal so einen Party- oder Zirkus-Touch und wird garantiert gefuttert! Erhältlich in Kaufhäusern und Spielzeug-Geschäften. – Oder fürs Selberbasteln einfach unseren Vordruck auf der hinteren Umschlagseite kopieren, falten und zusammenkleben!

Kaufladenzubehör

Top geeignet für die gelungene „Präsentation" von Kinderessen: In kleinen Obstkisten oder Mini-Einmach-Gläsern schmeckt's noch mal so gut! Gibt's in Kaufhäusern und Spielzeug-Geschäften.

Muschelschalen

Recycling der gehobenen Art: Fragen Sie beim Fischhändler nach den Schalen von Jakobsmuscheln. Die lassen sich vielseitig wie kleine Teller verwenden – und eignen sich nach dem Essen auch zum Spielen ... Gibt's im Fischfachgeschäft oder an der Fischtheke im Kaufhaus.

Pralinenförmchen

Egal, ob Schoko- oder Fleischbällchen: Mit Pralinenförmchen kriegt alles den idealen Fingerfood-Touch. Gibt's aus Papier oder Metall, in weiß oder bunt, in Kaufhäusern und Haushaltswaren-Geschäften.

Plätzchen-Ausstecher

Man glaubt gar nicht, was Plätzchen-Ausstecher so alles können ...! Natürlich Plätzchen ausstechen – aber auch nicht ganz so beliebtes Gemüse oder Vollkornbrot im Handumdrehen in Bärchen, Schmetterlinge, Blümchen und vieles mehr verwandeln. Gibt's in allen Größen und Formen in Kaufhäusern und Haushaltswaren-Geschäften.

Bananenblätter

Die natürliche Alternative zur Alu-Folie: Darin eingewickelt kriegen Fisch und Fleisch beim Grillen gleich Event-Charakter. Gibt's (meist tiefgekühlt) in Asia-Läden!

Aufkleber à la „Mama Produktion"

Mit unseren Aufklebern (Vordrucke zum Kopieren finden Sie in der hinteren Umschlagklappe) können Sie sofort in die hauseigene „Mama Produktion" einsteigen. Ob Ketchup, Brotaufstriche oder Lieblings-Müsli – mit „eigenem" Logo überzeugen Sie selbst das letzte Mäkel-Kind!

Elternratgeber

Was mach' ich, wenn mein Kind jeden Tag immer nur Pommes will?

Wie viel Gemüse muss sein – wie viel Süßigkeiten dürfen sein? Wie schaffe ich es, dass mein Kind zu einem genussvollen und selbstbewussten Esser wird? - Antworten auf die häufigsten Eltern-Fragen rund ums Essen ihrer Kids.

Essen als Strafe oder Belohnung?

„‚Weil du so brav warst, bekommst du jetzt ein Eis' oder ‚Bei einer Zwei in Mathe gehen wir zu McDonald's' – macht Essen als Belohnung oder Bestrafung einen Sinn?"

Essen ist Essen ist Essen ist Essen! Essen soll Spaß machen, Essen soll gut schmecken, Essen ist existentiell – aber völlig ungeeignet als mögliches Erziehungs-Instrument.

Wer Kids mit Süßigkeiten oder Fastfood belohnt oder bestraft, gibt diesen Dingen zu viel Bedeutung und lädt sie mit psychischen Inhalten auf. Plötzlich sind sie viel mehr als bloßes Essen, plötzlich bedeuten sie Liebe, Aufmerksamkeit, Trost oder Macht. Und werden ein ungutes Mittel im eigentlich natürlichen Power-Play zwischen Eltern und Kindern.

In der schwarzen Pädagogik früherer Zeiten gehörte Essensdrill ganz selbstverständlich dazu. Und bestimmt kennt jeder aus eigener Erfahrung oder aus dem Bekanntenkreis eine Horror-Essensgeschichte von stundenlangem Vor-dem-Spinatteller-Sitzen und Ähnlichem. Für einige der Beginn einer manchmal lebenslangen, handfesten Ess-Störung!

Ganz umgehen kann man Sweets und Fastfood sowieso nicht. Es gibt sie einfach überall, sie gehören zum täglichen Leben. Und ein hunderprozentiges Verbot steigert bei Kindern nur noch mehr das Verlangen danach. Aber auch bei den allerbesten Vollwert-Vorsätzen müssen Eltern einen Weg finden, um damit fertig zu werden.

Unser Tipp: Das Süßigkeiten-Training mit der „Naschkiste"

Kinder müssen die Möglichkeit haben, ihren eigenen, verantwortlichen und selbstständigen Umgang mit Bonbons, Cola, Schoko und Fastfood zu finden – mit der sanften Steuerung von Mama und Papa, versteht sich! Bei Süßigkeiten können sie das beispielsweise mit einer „Naschkiste" trainieren. Hier bekommt das Kind eine Tages- oder Wochenration mit Süßigkeiten. Die müssen sich die Kids selbst einteilen. Und den Besuch bei McDonald's & Co. lassen Sie ruhig mal zwischendurch während der Woche stattfinden – ohne einen großen Hype daraus zu machen.

„Iss deinen Teller leer" – muss das sein?

„Bei uns gibt es ständig Streit beim Essen über die Frage, ob die Kinder immer alles aufessen sollten, was sie auf dem Teller haben. Vor allem die Großeltern sind dieser Meinung."

Bloß nicht! Zwingen Sie Kinder nicht, „über ihren Hunger" zu essen. Sie haben nämlich in der Regel (im Gegensatz zu uns Erwachsenen) noch ein „echtes" Bauchgefühl, das ihnen sagt, wann sie satt sind. Das sollten wir ihnen durch ein ständiges „Iss deinen Teller leer!" auf keinen Fall wegtrainieren.

Amerikanische Studien belegen:
Selbst Kinder, die bei Tisch wochenlang „Nudeln mit ohne alles" essen, ernähren sich, über Monate hinweg betrachtet, trotzdem hinreichend gesund!

Hier liegt dann auch der Generationen-Konflikt zu den Großeltern, die oft noch geprägt sind von Kriegs- oder Nachkriegszeit, von Hunger, Mangel und „Bloß nichts Essbares wegwerfen". Das haben wir – zum Glück – nicht miterlebt. Und auch, wenn man sich mit etwas Einfühlungsvermögen durchaus in diese Generation hineinversetzen kann, sollten Sie Ihre andere Meinung trotzdem ganz entschieden vertreten.
Heutige Kinder brauchen nicht auf Vorrat zu essen. Wir leben in einer Welt des Überflusses, und die meisten Probleme rund ums Essen fangen heute eher mit dem Wort „über" an: Überangebot, Überfütterung, Übergewicht … Noch vor zehn Jahren waren dicke Kinder kein Thema – heute ist jedes fünfte Kind in Deutschland bereits im Schulalter deutlich übergewichtig!

Kinder brauchen ein echtes „Feeling" für ihren Körper

Deshalb noch einmal zum Thema „Bauchgefühl" – unserer Meinung nach das wichtigste „Instrument" für Kinder, um für sich selbst einen guten Umgang mit Essen zu finden. Dazu gehört, dass Eltern ihren Kindern auch auf diesem Gebiet Vertrauen schenken. Lassen Sie die Kinder alles ausprobieren – dazu gehört auch mal das Über-die-Stränge-Schlagen beim Süßigkeitenessen, tagelang nur Nudeln mit Tomatensoße oder das „Rumstochern" beim Mittagessen und dann den ganzen Tag Häppchen picken ... Das Ziel: Kinder sollen lernen, mit Essen, Süßigkeiten, Cola und Burgern eigenverantwortlich umzugehen. Wir wünschen uns, dass sie maßvoll genießen können, dass sie ein „Feeling" für ihren Körper und seine echten Bedürfnisse bekommen. Selbstverständlich sollen Eltern lenken – mit dem eigenen, guten Vorbild, mit gesundem, leckeren Essen und mit dem positiven Hintergedanken, dass ihr Kind ganz sicher auch auf diesem Gebiet auf einem guten Weg ist ...

Drama im Supermarkt

„Immer das Geschrei an der Supermarkt-Kasse. Kaufen oder hart bleiben?"

Wir befinden uns mitten im Dschungel der wunderbaren Warenwelt! An jeder Ecke im Supermarkt sind genau auf Kinderhöhe die süßesten „Fallen" aufgestellt: vom Kühlregal mit der ganzen Batterie Milchschnitte & Co. über die Eistruhe bis zur Chips-Abteilung und zum Süßigkeitenregal. An der Kasse dann der letzte Großangriff – lauter kleine Schokoriegel, die genau in Kinderhände passen. Und völlig entnervte Mütter, die ihren tobenden, schreienden Sprösslingen nichts Süßes kaufen wollen. Um ehrlich zu sein: Ich kann die Kinder verstehen! Mitten im Schlaraffenland – und man selbst soll leer ausgehen. Ich habe mit meiner Tochter damals ausgemacht, dass sie sich bei jedem Einkauf eine Sache aussuchen darf. Und habe die Erfahrung gemacht: Das Interesse an süßen Sachen erlahmte zusehends, das war gar nichts Besonderes mehr.

Der Trick: Original „Mama-Products"

Die Werbestrategien bei Kinderlebensmitteln arbeiten mit Farben, Comic-Figuren, Fantasie – mit allem, was Spaß macht. Warum überlassen wir ihnen das Feld? Machen wir doch unser eigenes „Mama"-Marketing im Alltag ...!

Trick eins: Wie wär's mit einem lustigen Etikett, zum Beispiel auf der Flasche mit selbstgemachtem gesundem Ketchup? Oder mit bunten Tüten mit frischen Gemüse-Sticks? Sie finden unsere Etiketten auf der hinteren Umschlagseite: einfach auf den Farbkopierer legen, ausschneiden und aufkleben. Dann kriegen die Kids vor oder während des Einkaufs original „Mama Products" – gesund, lecker und im (fast) professionellen Outfit!

Trick zwei: Sweets selber machen! Selbstgemachte Süßigkeiten, wie z.B. die „Schoko-Balls" (Rezept Seite 74) sind genauso lecker wie vom Supermarkt, enthalten aber ganz natürliche Vitalstoffe und keinen Zucker!

Jeden Tag Pommes mit **Ketchup!**

„Mein Kind will jeden Tag Pommes frites – muss ich mir da Sorgen machen, und was kann ich tun?"

Bei jedem Kind kommt wohl die Phase, in der Pommes und der Besuch von Fastfood-Lokalen unbedingt sein müssen. Unser Rat: Bloß nicht verbieten, sondern im Gegenteil – am besten sogar dazu einladen!
So hat mein Mann unsere Tochter samt Freundin immer mittwochs vom Tanzunterricht abgeholt und gleich zum Pommes-Essen kutschiert. Schon nach ein paar Wochen hieß es dann: „Ach Papa, kannst du nicht lieber was zu Hause kochen?" Und ich bin überzeugt, dass fast alle Kinder so reagieren – wenn man sie wirklich zu einer selbstständigen Meinung kommen lässt.

Das McMama-Gegenprogramm

- Wenn's geht, mindestens einmal am Tag zum Familienessen zusammensetzen – und einmal in der Woche darf sich jeder abwechselnd sein Lieblingsgericht wünschen.
- Den Kids auch ungefragt zwischendurch beim Spielen z.B. einen „Futternapf" mit Rohkost-Sticks und Obsthäppchen hinstellen.
- Am Wochenende die Kinder auch mal mitkochen lassen.
- Wenn es die Zeit erlaubt, ruhig mal „Ess-Spielzeug", zum Beispiel „Würstchenboote" (Seite 68), „Überraschungsteller" (Seite 84–85) oder „Süße Mäuse" (Seite 101) servieren.
- Aktiv das „Cola-Problem" angehen: Gibt's nie zu Hause – darf aber bei Restaurantbesuchen bestellt werden.
- Den Kindern ein echtes Vorbild sein: Die Kids orientieren sich stark an den Eltern. Also nicht selbst Fertigpizza essen und erwarten, dass die Kinder beim Gemüse „Hurra" schreien.

Und falls das Essverhalten Ihrer Kinder tatsächlich nicht mehr ganz im Gleichgewicht sein sollte und Sie das Gefühl haben, dass unsere Tipps Ihnen nicht mehr weiterhelfen: Scheuen Sie sich nicht, professionelle Hilfe zu suchen! Viele Kinderärzte beschäftigen sich heute auch schon ausführlich mit Störungen des Essverhaltens – oder sie kennen Adressen von Psychologen oder Beratungsstellen, die in vielen Fällen die Familie als ganzes System betrachten und unterstützen.

Laut einer Umfrage essen fast zwei Drittel der Kinder am liebsten Nudeln. Gemüse erreicht nur bei 35 Prozent Platz eins.

Mit leerem Bauch zur Schule ...

„Nur zwei Löffel Müsli zum Frühstück, und das schöne Pausenbrot finde ich meistens ungegessen im Ranzen. Ein ganzer Schulmorgen ohne Essen – das kann doch nicht gut sein!"

Es gibt Kinder (und Erwachsene), die nach dem Aufstehen etwas Anlaufzeit brauchen und im Morgenrummel einfach noch keinen rechten Appetit haben. Versuchen Sie's anstelle von Müsli oder Brot mal mit einem nahrhaften Frühstücks-Drink, z.B. „Strohhalm-Müsli" (Rezept Seite 52) oder „Barbie-Smoothie" (Rezept Seite 136). Bei denen muss das „maulfaule" Morgen-Kind noch nicht kauen – schlürfen geht einfach leichter! Und so ein reichhaltiges Getränk füllt die während der Nacht entleerten Nährstoffspeicher des Kindes fürs Erste auch wieder auf.

Studien beweisen: Müdigkeit und Unkonzentriertheit bei Schülern haben ihre Ursache häufig im Flüssigkeitsmangel der Kinder. Fast ein Drittel der deutschen Schüler trinkt um 20 % weniger als die empfohlenen Tagesmenge. Für Kinder von sechs bis 13 Jahren ist das ein Liter am Tag, ältere Kinder sollten täglich 1,5 Liter trinken.

Jedes sechste Kind unter zwölf Jahren kommt ohne Frühstück in die Schule. Bei Jugendlichen beträgt dieser Anteil sogar 25 % aller Schüler. Gar nicht gut! Umso wichtiger, dass die Kids für die Pause Energie „zum Beißen" kriegen. Wichtig: Die Snacks sollten so „attraktiv" sein, dass sie auch wirklich gegessen werden und nicht im nächsten Papierkorb landen. Nicht vergessen: Auch ein Getränk gehört mit zum Pausen-Frühstück, z.B. eine Flasche mit Saftschorle. Das ist wichtig, damit sich die Kids während der Schule konzentrieren können.

Essen ohne Fleisch?

„Unsere Tochter ist erklärte Tierschützerin und weigert sich, auch nur ein Stück Fleisch zu essen. Schadet das nicht ihrer Entwicklung?"

Gerade junge Damen so ab etwa acht (wenn die „Pferde-Phase" langsam einsetzt) haben hohe moralische Maßstäbe und können plötzlich in Tränen ausbrechen, wenn sie daran denken, dass für den Sonntagsbraten ein süßes Schweinchen sein Leben lassen musste. Wer weiß – vielleicht sind die Kids da einfach noch näher dran am ursprünglichen menschlichen Mitgefühl für alles Lebende ...?!

Fleisch ist kein „Muss"!

In der Kinderernährung wird Fleisch vor allem wegen seines Eisengehaltes geschätzt. Eisen aus tierischen Lebensmitteln kann vom Körper außerdem leichter und besser verwertet werden als Eisen aus pflanzlicher Nahrung. Trotzdem ist Fleisch kein „Muss"! Denn mit der richtigen Ernährung können Sie ganz bewusst für den nötigen Ausgleich sorgen. Lassen Sie also Ihre Kinder die fleischlose Phase ruhig ausleben und setzen Sie dafür eisenhaltige pflanzliche Lebensmittel möglichst häufig und gezielt auf den Speiseplan, zum Beispiel: Hülsenfrüchte, Haferflocken und Trockenbrot.

Eine rein pflanzliche (vegane) Ernährung ist für Kinder allerdings nichts – die kann zu Wachstums- und Entwicklungsstörungen führen. Übrigens: Bei den meisten Kids legt sich die fleischlose Phase nach kurzer Zeit ganz von selbst. Manche werden auch zu so genannten „Würstel-Vegetariern", die durchaus alles, was nicht nach Fleisch aussieht, essen. Bleibt's beim „No!" zum Fleisch, holen Sie sich Anregungen aus der abwechslungsreichen vegetarischen Küche.

Kleiner Restaurant-Knigge

„Gibt es eigentlich ein Patentrezept für entspanntes Essen mit kleinen Kindern im Restaurant?"

Tja, wenn man wirklich entspannt essen gehen möchte, heißt die beste Lösung wohl: Babysitter oder Übernachten bei Oma und Opa! Eltern sollten sich wirklich ehrlich und bewusst darüber klar werden, ob sie tatsächlich „Lust" haben, mit ihren Kids essen zu gehen. Halbe Sachen bringen hier für alle eigentlich nur Ärger ... Es ist auch für Unbeteiligte entnervend, neben einer Familie im Lokal zu sitzen, wo Mama und Papa eigentlich ihre Ruhe haben wollen, sich null kümmern und die Kids deshalb über Tische und Bänke gehen!

Unsere Kids- und Restaurant-Standpunkte:

Wenn Kinder mit zum Essen gehen, dann sollte man sich auch um sie kümmern: Malzeug, Kartenspiele, Rätsel usw. einpacken um die Wartezeiten abzukürzen. Mit den Kids besprechen, wie man sich benimmt, wenn viele Menschen in einem Raum essen. Wäre doch schade, wenn sie's nicht wissen und bei nächster Gelegenheit für schlechte Manieren von fremden Leuten kritisiert werden ... Zusammen mit den Kindern die Bestellungen besprechen, damit später keine „Enttäuschungen" serviert werden. Und: zur Feier des Tages ganz freiwillig mit Cola, Limo und Nachtisch-Eis herausrücken!

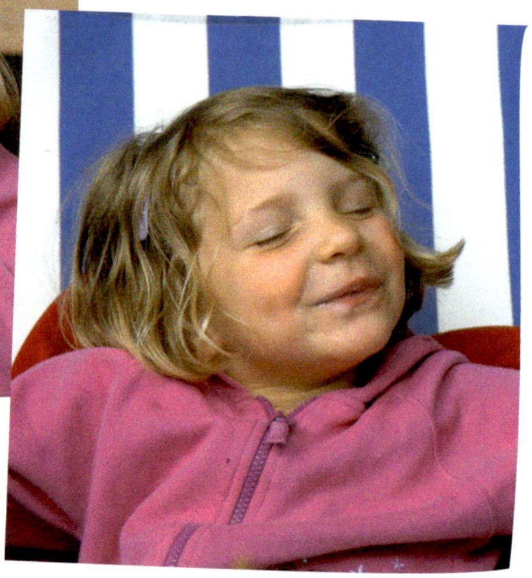

Bis zu 35-mal müssen Sie Ihrem Kind unter Umständen eine Speise anbieten, bis es sie probiert. Das haben aktuelle Verhaltensstudien gezeigt. Die Ausbildung des Kinder-Geschmackssystems braucht eben seine Zeit. Einfach immer wieder ohne Zwang zum Probieren anbieten – und selber mit Genuss „voressen"!

Was das Kind nicht kennt, das isst es nicht

„Wir verreisen gerne – aber das fremde Essen kommt bei unseren Kindern gar nicht gut an. Wie kann ich ihnen das Probieren schmackhaft machen?"

Essen in fremder Umgebung, vor allem bei Reisen ins Ausland, konfrontiert die Kinder mit einer Fülle neuer Eindrücke für Geruchs- und Geschmackssinn. Darauf reagieren Kinder sehr sensibel, und der Spruch „Was der Bauer nicht kennt, isst er nicht", trifft bei vielen Kindern wirklich zu ... Manchmal sind sie aber auch einfach nur überfordert – da müssen Eltern eingreifen.

Möglichkeit eins: Sie kennen ja Ihr Kind – deshalb gehen Sie mit ihm am besten die Speisekarte durch, nach dem Motto: „Spaghetti carbonara – das sind Nudeln mit Schinken und Ei, das könnte dir schmecken."

Möglichkeit zwei: Die Erwachsenen bestellen sich einfach verschiedene Essen und für die Kids nur Zusatzteller. Dann können sie von allem mal probieren.

Möglichkeit drei: Zum Beispiel Nudeln mit Tomatensoße (gute Bekannte dieser Art gibt es eigentlich in jedem Urlaubsland) zum Sattessen bestellen – und nebenher dürfen die Kids mit der Gabel bei Mama und Papa „reinpicken".

Igitt bei allem, was *grün* ist

„Schon das Wort ‚Gemüse' löst bei meinen Kindern heftiges Protestgeschrei aus. Aber sie müssen doch genug Gemüse essen, oder?"

Bei Gemüse-Hasser-Kids bloß nicht an Einsicht und Vernunft appellieren! Sätze wie „Das ist aber wirklich gesund" oder „Sonst wirst du krank" haben höchstens einen gegenteiligen Effekt und steigern die Trotzhaltung. Wir empfehlen Gemüse „under cover", zum Beispiel

- im „Tortellini-Mäntelchen" (Rezept Seite 58),
- fein püriert als „Erbsensee" (Rezept Seite 72),
- fein gehackt als „Gemüse-Bolognese" (Rezept Seite 66),
- als „Ess-Spielzeug" von „Paprika-Bärchen" (Rezept Seite 72) bis zum „Indianer-Teller" (Rezept Seite 84).

Bitte ausprobieren – wollen wir wetten, dass hier keiner mehr „Igitt, Gemüse!" schreit?

Bitte unbedingt toben!

„Gesundes Essen oder viel Bewegung – was ist eigentlich wichtig für Kinder?"

Kinder sind am liebsten ständig in Bewegung. Im Kindergarten dürfen sie das auch noch nach Herzenslust tun. Aber sobald sie in die Schule kommen, sind Toben und Spielen nur noch die Nummer zwei, Sitzen und Lernen haben Priorität. Und damit nicht genug: nachmittags Hausaufgaben, abends vor dem Fernseher oder Computer – viele Kinder verbringen viel mehr Zeit daheim auf ihren vier Buchstaben als draußen beim Spielen.

Keine Zeit für Sport: Eine aktuelle Befragung ergab, dass heute fast 40 % der Kinder weniger als sieben Stunden Sport in der Woche treiben – Schulsport inklusive!

Fazit: Gesundes Essen und Bewegung – mit dieser Kombi werden Kids ganz sicher groß und stark, das eine ohne das andere sollte immer die zweite Wahl sein. Aber die schulischen Anforderungen an die Kleinen werden immer größer, manchmal bleibt da wirklich wenig Zeit für Bewegung. Abhilfe schaffen zum Beispiel wohnungsgerechte „Turngeräte": ein Trampolin (da können sich auch Mama und Papa mal austoben), oder ein großer Gymnastikball wird zum Schreibtischstuhl.

Auf die Frage, warum Kinder Übergewicht haben, gaben 55 % der 6- bis 12-Jährigen an, dass zu viel Süßigkeiten schuld sind. 34 % von ihnen glauben, dass Bewegungsmangel die Ursache ist, 27 % halten Fastfood für den Grund für Übergewicht.

Rezepte

Auf die Töpfe, fertig, los!

Wir gehen an den Start – mit 140 köstlichen Family-Rezepten: von morgens bis abends, von Picknick bis Party – da findet bestimmt jeder sein Lieblingsessen! Und auch für kranke Kids haben wir uns was Leckeres ausgedacht ...

Natürlich sind alle Rezepte mit dem „Bärchen-Trick“: supergesund, aber auch extra-köstlich und top-chic – so kriegt man Vitamine in jedes Kind!

Morgens

Hallo, guten Morgen! Gut geschlafen? Was Schönes geträumt? Dann starten wir jetzt in einen neuen Tag – und damit der gut gelaunt und gut gestärkt beginnt, gibt's hier Frühstücks-Ideen für jeden Geschmack und jeden Bedarf:

Für alle Minis, die gerade vom Fläschchen auf „echtes" Essen umsteigen. Für Schul- und Kindergarten-Kids, bei denen es morgens schnell gehen muss und die Super-Pausenbrot-Ware zum Mitnehmen brauchen. Und natürlich fürs Family-Wochenend-Frühstück: Da darf's auch mal was Neues sein, und die Kids können Mama und Papa nach Kräften beim Kochen unterstützen!

Frühstücks-Ideen für jeden Tag

Alle Morgen wieder muss viel Power für den Tag ins Kind. Damit die Kids mit gut gefüttertem Gehirn in den stressigen Schul- und Kindergartentag starten, gibt's hier lauter Lieblings-Frühstücks-Angebote: von der ultimativen Knuspermischung bis zu köstlichen Brotaufstrichen!

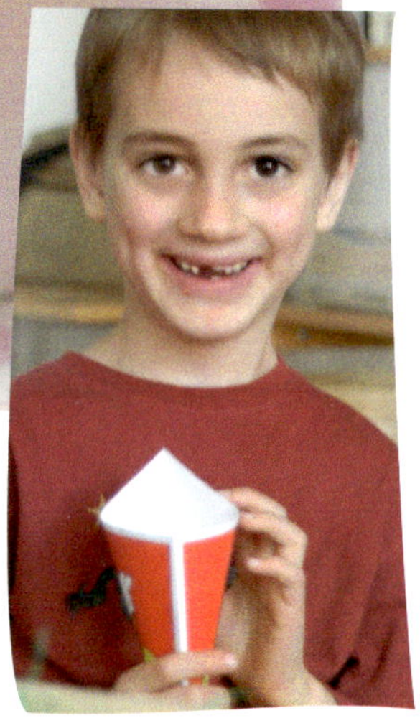

Lieblings-Müsli

Wetten, dass Mama und Papa da auch gerne mitessen?

Müsli-Mischung für 1 Woche
100 g zarte Vollkorn-Haferflocken
10 g Weizenkeime (aus dem Reformhaus)
20 g Sonnenblumenkerne
30 g Chufas-Nüssli (süße Erdmandel-Flocken, aus dem Reformhaus)
2 EL Sonnenblumenöl
4 EL flüssiger Honig
Zimtpulver

Zum Anrichten:
Joghurt
Bananen- und Kokos-Chips (Fertigprodukt)
getrocknete Soft-Aprikosen (ungeschwefelt)
Bananen oder andere frische Früchte

Für die Müsli-Mischung
- Haferflocken mit Weizenkeimen, Sonnenblumenkernen und Chufas-Nüssli in einer großen beschichteten Pfanne ohne Fett unter Rühren bei mittlerer Hitze 4–5 Minuten vorsichtig anrösten.
- Öl mit Honig und 1–2 Prisen Zimt verrühren und zu den Haferflocken geben. Unter Rühren weitere 3–4 Minuten rösten, bis die Mischung goldbraun ist. (Die Mischung darf auf keinen Fall zu dunkel werden, sonst schmeckt sie bitter!)
- Müsli-Mischung vom Herd nehmen und auf einem Teller abkühlen lassen. In einem Glas mit Deckel aufbewahren.

Für 1 Portion Lieblings-Müsli
- 2–3 EL Joghurt in eine Schüssel geben. Je 1 EL Bananen- und Kokos-Chips grob hacken, 2 Soft-Aprikosen fein würfeln. 1/4 Banane in Scheiben schneiden (oder z.B. Erdbeeren oder Apfel).
- Mit 2–3 EL Müsli-Mischung, mit Bananen- und Kokos-Chips, Soft-Aprikosen und frischem Obst auf dem Joghurt anrichten.

Der Trick: Diese Mischung heißt nicht umsonst „Lieblings-Müsli" – bei unseren Kinder-Tests hat sie besonders gut abgeschnitten. Die Zutaten – Haferflocken, Keime, Kerne und Samen – enthalten wertvolle Fettsäuren, Vitamin E, B-Vitamine, Mineralstoffe und Spurenelemente.

Die leckeren Vier

Pfiffige Brotaufstriche von süß bis pikant

Die leckeren Vier lassen sich in Gläschen oder abgedeckt 1–2 Tage im Kühlschrank aufbewahren.

Nummer eins: Fruchtpüree

1 Nektarine
1 EL Birnendicksaft (aus dem Reformhaus)

- Nektarine schälen, Fruchtfleisch vom Kern schneiden und grob würfeln. Mit Birnendicksaft in einen Rührbecher geben, mit dem Pürierstab fein pürieren.

Nummer zwei: Frischkäse-Creme

50 g Frischkäse
1 EL flüssiger Honig
2 EL frisch gepresster Orangensaft

- Frischkäse mit Honig und Orangensaft gründlich vermischen.

Nummer drei: Vanille-Quark-Creme

100 g Magerquark
2 EL flüssiger Honig
1 EL frisch gepresster Orangensaft
1/2 Vanilleschote (oder 1 Messerspitze gemahlene Vanille aus dem Reformhaus. Bitte nicht verwechseln mit Vanillezucker oder Vanillin aus dem Supermarkt, da ist Zucker drin!)

- Quark mit Honig und Orangensaft glatt rühren. Vanilleschote aufschlitzen, Vanillemark mit einem Messer herausschaben und unter den Quark mischen.

Nummer vier: Paprika-Frischkäse

50 g rotes Paprikafruchtfleisch (geschält)
1 TL Zitronensaft
50 g Frischkäse
Salz

- Paprikafruchtfleisch fein würfeln. Mit Zitronensaft und Frischkäse in einem Rührbecher mit dem Pürierstab fein pürieren. Mit etwas Salz abschmecken.

Der Trick: Gekaufte Fertig-Brotaufstriche enthalten oft Aromastoffe (bitte Zutatenliste auf der Verpackung studieren). Gut, dass es gesunde Alternativen gibt, die superlecker und außerdem leicht zu machen sind: Die „Leckeren Vier" liefern den Kids durch Quark und Frischkäse eine Extraportion Kalzium für Knochen und Zähne. Lassen Sie die Kinder ihren Favoriten ruhig mal selber mischen!

Überredungs-Müsli

Überzeugt auch Müsli-No-No-Kids

Für 1 Portion
40 g Vollkorn-Haferflocken (unbedingt Sorte „extra-zart")
2 EL Zartbitter-Schokolade (mit 66 % Kakao-Anteil, frisch geraspelt)
60 ml Vollmilch
je 50 g Bananen-, Erdbeer- und Nektarinenfruchtfleisch (gewaschen und geschält)

- Haferflocken mit geraspelter Schokolade in einer Müsli-Schale vermischen. Milch über die Haferflocken geben.
- Früchte in feine Scheibchen bzw. Würfelchen schneiden und auf dem Müsli anrichten.

Diese „Müsli-Produktion" können Kinder-Köche mit etwas Hilfe auch selbst übernehmen!

Der Trick: Die Mischung macht's – dieses Müsli essen alle Kinder, weil ...

- Schokolade drin ist – aber: Schokolade mit Kakao-Anteil über 60 % hat weniger Fett und Zucker als „normale",
- es durch die Banane schön süß schmeckt und deswegen keinen Extrazucker enthält,
- die extra-zarten Haferflocken fast im Mund „schmelzen", aber trotzdem aus Vollkorn sind!

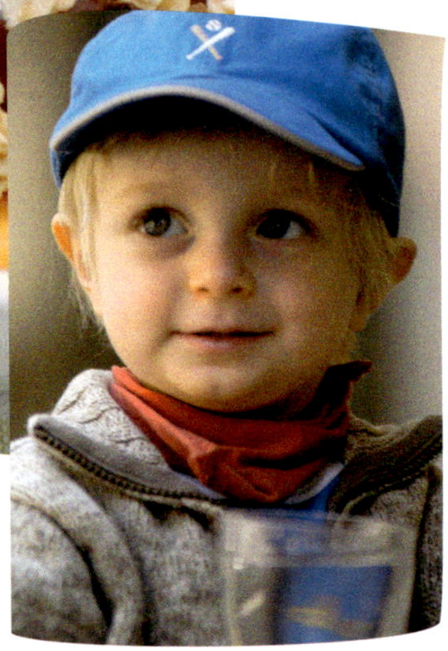

Hat's geschmeckt? fragt Harry Bär
„Super Müsli! Bei Schokolade kriegt Robert immer gute Laune. Wie schön, dass von jetzt ab auch Vollkornflocken dabei sind."
Sabine, Mutter von Robert Valentin, Redakteurin

Streifen-Joghurt

Neue Mode im Joghurt-Becher

Für 1 Portion
80 g griechischer Sahnejoghurt
1 TL flüssiger Honig
2 EL Fruchtpüree (Rezept Seite 39)
1 EL geröstete, fein gehackte Haselnüsse oder
1 EL Chufas-Nüssli (süße Erdmandel-Flocken, aus dem Reformhaus)

- Sahnejoghurt mit Honig vermischen.
- In ein Glas 2 EL Honig-Joghurt einfüllen und glatt streichen. Fruchtpüree darauf geben, mit restlichem Joghurt auffüllen.
- Joghurt mit Nüssen oder Chufas-Nüssli bestreut anrichten.

Der Trick: Im „Zebra-Look" schmeckt Joghurt einfach noch mal so gut! Und auch Kinder, die morgens nicht so gerne Milch trinken, kommen damit ganz easy auf ihre notwendige Ration Kalzium.

Zwieback-Müsli

Körner – nein, danke!

Für 1 Portion
2 Scheiben Vollkorn-Zwieback
50 ml Vollmilch
2 EL Vollmilchjoghurt
2 EL Birnendicksaft
1 Orange
3 Erdbeeren
1 EL Chufas-Nüssli (süße Erdmandel-Flocken, aus dem Reformhaus)

- Zwieback grob in Stücke brechen, mit Milch, Joghurt und Birnendicksaft in einen hohen Rührbecher geben. 5 Minuten einweichen lassen, dann mit dem Pürierstab fein pürieren.
- Orangen rundherum so schälen, dass die weiße Haut mit entfernt wird. Filets zwischen den Trennhäuten herausschneiden. Erdbeeren putzen, waschen und in Scheibchen schneiden.
- Zwieback-Müsli mit Orangen, Erdbeeren und Chufas-Nüssli bestreut servieren.

Der Trick: Für alle Kinder, die zarten Schmelz lieben und Körnerbeißen gar nicht mögen! Und wer sagt eigentlich, dass Zwieback nur etwas für ganz Kleine ist?
In dieser Müsli-Variante bekommt die knusprige Vollkornscheibe neue Bedeutung: Als Kohlenhydratlieferant in Gesellschaft von kalziumreichen Milchprodukten und Vitamin C-reichen Früchten. Und die Chufas-Nüssli liefern eine Extra-Portion Mineralstoffe!

Urlaubs-Joghurt

Der schmeckt nach Sonne

Für 2 Portionen
1 Orange
1 Becher griechischer Sahnejoghurt (200 g)
2 EL flüssiger Honig
50 g Weintrauben (ohne Kerne)
50 g Erdbeeren
1/2 Nektarine

- Orange rundherum mit einem scharfen Messer so schälen, dass die weiße Haut mit entfernt wird. Fruchtfilets über einer Schüssel zwischen den Häutchen herausschneiden und den Saft auffangen.
- Joghurt mit Honig und dem aufgefangenen Orangensaft gut vermischen.
- Obst waschen und trockentupfen. Erdbeeren putzen, mit den Weintrauben in Scheibchen teilen. Nektarinenhälfte längs in feine Spalten schneiden.
- Joghurt auf zwei Schüsselchen verteilen und das Obst darauf anrichten.

Für Kinder mit Gewichtsproblemen gibt´s die Light-Alternative: Dafür den griechischen Sahnejoghurt einfach durch cremigen Magerjoghurt ersetzen.

Der Trick: Mit dem schnellen Urlaubs-Frühstücks-Feeling gibt´s eine große Portion Eiweiß, Kalzium und Vitamine.

Cheesy

Gefülltes Ciabattabrot im Omelettmäntelchen

Für 4 Personen
1 Ei (M)
2 EL Milch
Salz, Pfeffer
100 g Mozzarella
8 Scheiben Ciabatta-Brot
2 EL Butter

- Ei mit Milch, Salz und Pfeffer in einem tiefen Teller verquirlen. Mozzarella in Scheiben schneiden.
- Die Hälfte der Ciabatta-Brote mit Mozzarella belegen, restliche Brotscheiben darauf legen und andrücken.
- Brote mit Mozzarellafüllung von beiden Seiten durch das Ei ziehen.
- Butter in einer beschichteten Pfanne erhitzen, Brote darin von beiden Seiten goldbraun braten, etwas flachdrücken und warm servieren.

Der Trick: Brot, Ei und Käse in Happy-Meal-Verbindung: aus Kohlenhydraten (im Brot) plus Aminosäure Tryptophan (in Eiern und Käse).

Frühstücks-Burger

Kurbelt die kleinen grauen Zellen an!

Für 2 Burger
2 Kirschtomaten
4 Scheiben Vollkorntoast
2 EL Frischkäse
2 Scheiben Salatgurke
1 Scheibe gekochter Schinken oder Putenschinken
1 Mini-Babybel (kleiner, milder Käse, gibt's in der Kühltheke im Supermarkt)

- Kirschtomaten waschen, quer in Scheibchen schneiden.
- Vollkorntoast rösten, mit einem runden Plätzchenausstecher oder einem Glas 4 Kreise ausstechen.
- Toastkreise mit Frischkäse bestreichen, 2 Toasts mit Gurke und Tomate belegen.
- Aus dem Schinken ebenfalls 2 Kreise ausstechen. Mini-Babybel quer halbieren.
- Schinken und Käse auf die Brote legen, restliche Brotkreise darauf setzen und leicht zusammendrücken.

Der Trick: In Burgern lässt sich der Vollkorntoast geschickt verpacken! Getreidevollkorn macht das Gehirn fit für den Tag, denn es stecken die richtigen B-Vitamine drin. Käse und Schinken ergänzen die Burger mit hochwertigem Eiweiß, und mit dem Gemüse legen wir noch ein paar Vitamine drauf …

Hat's geschmeckt? fragt Harry Bär
„Dieser Burger bekam von allen die Note 1!“
Er ist auch super als Snack für unterwegs!“
Ines, Mutter von Niklas, Tristan und Lilith, Ökotrophologin

Nie mehr Ärger mit den Pausenbroten!

Vertrocknete Brote, die beim Entrümpeln der Schultasche auftauchen und ständiges Rumnörgeln an der elterlichen Brotstreichkunst – das hat jetzt ein Ende! Wir präsentieren hier die Pausenbrot-Hitparade: garantiert jeder Biss ein voller Erfolg!

Die Pausenbrot-Parade

Dreieck, Kreis und Viereck: Vollkorn-Geometrie für einen anstrengenden Schultag!

Für je 2 Scheiben Vollkorn-Kastenbrot

Das Pausenbrot-Dreieck

2 EL Frischkäse
20 g Gurkenscheiben
Kräutersalz

- Brotscheiben mit Frischkäse bestreichen, eine Seite mit fein geschnittenen Gurkenscheiben belegen, mit Kräutersalz würzen, zweite Brotseite darauf legen, Brote diagonal in 4 kleine Dreiecke schneiden.

Der Pausenbrot-Kreis

1 EL Frischkäse
2 kleine Scheiben Tomaten
2 kleine Scheiben Mozzarella (20 g)
Kräutersalz

- Aus den Brotscheiben mit einem runden Plätzchenausstecher oder mit einem Glas 4 Kreise ausstechen. Brotkreise dünn mit Frischkäse bestreichen, mit Tomatenscheiben und Mozzarella belegen, etwas Kräutersalz darüber streuen. Brote zusammenklappen und aufeinander drücken.

Das Pausenbrot-Viereck

1 TL Butter
1 Ei (M)
Kräutersalz
1 EL Frischkäse

- Butter in einer kleinen beschichteten Pfanne schmelzen lassen. Ei aufschlagen und hineingleiten lassen. Eigelb einstechen, sodass es beim Braten zerläuft. Ei bei kleiner Hitze braten, mit etwas Kräutersalz bestreuen und abkühlen lassen.
- Brotscheiben dünn mit Frischkäse bestreichen, Omelett zusammengeklappt darauf legen, Brote längs in breite Streifen schneiden.

Der Trick: Pausenbrot-Geometrie mit reichlich B-Vitaminen für starke Nerven!

Schwarz-Weiß-Tramezzini

Vollkornbrot für Einsteiger

Für je 1 Scheibe dunkles Vollkornkastenbrot und 1 Scheibe Kastenweißbrot (ohne Rinde)

Tramezzini con Wursti

20 g Putenleberwurst
1 kleine Gewürzgurke

- Brotscheiben mit Leberwurst bestreichen. Gewürzgurke längs in feine Scheiben schneiden, auf 1 Brotscheibe legen. Brote zusammenklappen, gut andrücken, diagonal halbieren.

Tramezzini con Gouda

1 EL Frischkäse
1 Scheibe gekochter Schinken (ohne Fettrand)
1 Scheibe junger Gouda (ohne Rinde)

- Brotscheiben mit Frischkäse bestreichen, mit Schinken und Käse belegen, zusammenklappen, gut andrücken, diagonal halbieren.

Tramezzini con Peperoni

1 EL Frischkäse
1 hart gekochtes Ei (M)
Kräutersalz
1 Stück rotes Paprikafruchtfleisch

- Brote mit Frischkäse bestreichen, mit Eischeiben belegen und salzen. Paprika in ganz feine Streifen schneiden und auf das Ei legen. Brote zusammenklappen und diagonal halbieren.

Der Trick: Die Weißbrot-Scheibe ist die ideale Übergangshilfe ins Vollkornbrot-Leben!

Lunch-Box

Mini-Buffet zum Mitnehmen

Für je 1 Pausenbrot-Schachtel aus Kunststoff

Lunch-Box 1

1 Mini-Babybel-Käse, 2 Kirschtomaten, 1 geschälte Möhre und ein paar Vollkorn-Grissini-Stangen

Lunch-Box 2

1 Tütchen Studentenfutter (Nüsse, Rosinen, Trockenfrüchte), 1 Mini-Banane und 1–2 Reiswaffeln

Lunch-Box 3

1 Päckchen Sesam-Minis (Sesam-Honig-Knabberstangen aus dem Reformhaus oder Bioladen), 2 in Butterbrotpapier verpackte Schoko-Balls (siehe Rezept Seite 74) und wahlweise 1 Mandarine, 1 Nektarine, weiße Trauben (ohne Kerne) oder 1 Hand voll Kirschen

Der Trick: Für alle Kids, die „gestrichene" Brote matschig finden. Die Füllung immer wieder abwechseln, dann ist von allen Vitalstoffen mal was drin!

Alles fürs große Wochenend-Frühstück

Endlich haben alle mal Zeit und können zusammen und in aller Ruhe die feinsten Morgenköstlichkeiten genießen.

Schoko-Löffelchen

So klappt´s auch mit der Milch

Für 10–12 Stück
40 g dunkle Schokolade (66 % Kakao-Anteil)
10–12 Kaffeelöffel

- Schokolade grob hacken, in einer Schüssel im heißen Wasserbad schmelzen lassen.
- Kaffeelöffel in die geschmolzene Schokolade tunken, mit dem Stiel nach unten in einen Becher stellen oder nebeneinander auf Frühstückspapier legen und fest werden lassen.
- Bitte keine „normale" Schokolade verwenden. Die ist zu dünnflüssig und bleibt nicht am Löffel kleben.

Die Schokolöffel auf Vorrat zubereiten, im Kühlschrank aufbewahren und am besten zu heißer Milch servieren – da kann man die Löffel eintauchen und die Schokolade langsam schmelzen lassen.

Der Trick: Für alle Kinder, die sich der Milch sonst nur mit einer Überdosis Vanille-, Erdbeer- oder Kakaopulver nähern! Besagte Fertig-Mischungen bestehen leider zu 80 bis 90 % aus Zucker (20 % Kakao bei Kakaopulver) und Aromastoffen, Zusatzstoffen und künstlich zugesetzten Vitaminen. Versuchen Sie's mit der schrittweisen Entwöhnung durch den Schokolöffel: Der macht den Kids Spaß – und Schokolade mit über 60 % Kakao-Anteil hat nicht nur weniger Fett und Zucker als normale Schokolade, sondern sie ist auch ein Naturprodukt ohne künstliche Zusätze.

Knusperbrot

Ofenwarm und richtig knackig!

1 Vollkornbaguette
(oder Weizenbaguette, am besten vom Vortag)
2 EL warme Butter

- Backofen auf 200° vorheizen.
- Baguette mit einem scharfen Messer der Länge nach in feine Scheiben schneiden.
- Baguettescheiben auf ein mit Backpapier ausgelegtes Blech legen, mit etwas Butter einstreichen und im vorgeheizten Backofen, auf der mittleren Schiene, in 5–6 Minuten knusprig backen.

Der Trick: Ernährungswissenschaftler sagen, dass die Hälfte der täglichen Energie aus so genannten komplexen Kohlenhydraten stammen sollte. Brot enthält viele dieser Kohlenhydrate – und daraus gewinnt der Körper Energie. Kommen sie aus Vollkornbrot, haben sie zusätzlich noch viele gesunde Begleitstoffe im Schlepptau: B-Vitamine, Mineralstoffe, Spurenelemente und Ballaststoffe. Und die brauchen Kids dringend, um richtig fit zu sein.

Alpen-Sandwich

Nicht nur für Bergsteiger

Für 6 Stück
6 Scheiben Tramezzini-Brot (ersatzweise Toastbrot)
1 Portion Frischkäsecreme mit Paprika
(siehe Rezept Seite 39)
1/2 Salatgurke
100 g gekochter Schinken, ohne Fettrand (dünn aufgeschnitten)
100 g junger Gouda (dünn aufgeschnitten)

- Brotscheiben mit Frischkäsecreme bestreichen. Salatgurke waschen und in feine Scheiben schneiden.
- Die Hälfte der Brotscheiben mit Schinken-, Käse und Gurkenscheiben belegen, restliche Brotscheiben darauf legen und andrücken.
- Brote in gleich große Dreiecke schneiden und hintereinander, mit der Spitze nach oben, als „Bergkette" auf einer Platte anrichten.

Herzhaft-vollwertig werden die „Alpen" mit Vollkorn-Kastenbrot (ohne Rinde).

Der Trick: Der „Light"-Start in den Tag! Kohlenhydrate aus dem Tramezzini-Brot liefern hier die Basis-Energie. Ideal dazu: gekochter Schinken. Er enthält reichlich Vitamin B1, das beim Abbau der Kohlenhydrate gebraucht wird und dafür sorgt, dass Muskeln und Nerven einwandfrei arbeiten.

Verkehrsschilder-Toast

Verkehrsunterricht zum Aufessen

Für 12–14 Stück
200 g Himbeeren
2 EL Birnendicksaft
12–14 Scheiben Vollkorntoast
100 g Frischkäse

- Himbeeren mit dem Pürierstab fein pürieren, Püree durch ein Sieb streichen und mit Birnendicksaft vermischen.
- Toastscheiben rösten. Mit einem runden Plätzchenausstecher oder einem Glas Kreise ausstechen oder Brotscheiben in Drei- und Vierecke schneiden.
- Toasts mit Frischkäse bestreichen.
- Himbeermark in einen Gefrierbeutel füllen, eine kleine Ecke abschneiden und so mit dem Himbeermark Stoppschilder, Vorfahrts-Schilder, Geschwindigkeits-Schilder etc. „malen".

Der Trick: Fruchtiges Himbeermark anstelle von klebriger Marmelade – ein echtes Geschmackserlebnis mit Vitamin C und bioaktiven Pflanzenstoffen. Und das Beste: Die Kids dürfen mitmalen – zum Beispiel ein Stoppschild für den großen Bruder oder „Durchfahrt verboten!" für die kleine Schwester.

Morning-Muffins

Gehen schneller, als man wach wird – und schmecken richtig lecker!

Für 12 Muffins

Für die Muffins:
75 g getrocknete Aprikosen (ungeschwefelt, aus dem Reformhaus)
125 ml frisch gepresster Orangensaft
1 TL Orangenschale (unbehandelt, in feinen Streifen)
125 g Buttermilch
60 g zerlassene Butter
60 ml Akazienhonig
1 Ei (M)
100 g Vollkornmehl
75 g Weizenmehl
75 g geröstetes Müsli (siehe Rezept rechts)
2 EL Weizenkeime
1 gehäufter TL Backpulver
Butter für das Muffin-Blech

Für das Müsli:
60 g zarte Haferflocken, 1 EL Chufas-Nüssli, 1 EL Sonnenblumenkerne und 2 EL Weizenkeime in einer beschichteten Pfanne unter Rühren anrösten, abkühlen lassen.

Für die Füllung:
3 EL Fruchtpüree (siehe Rezept Seite 39)

Für den Belag:
1 EL brauner Zucker
1 EL geröstetes Müsli (siehe Rezept links)
1 EL Butterflöckchen
1 Messerspitze Zimtpulver

- Backofen auf 180° vorheizen.
- Getrocknete Aprikosen fein hacken, mit Orangensaft und Orangenschale vermischen und ca. 10 Minuten durchziehen lassen.
- Buttermilch, zerlassene Butter, Honig und Ei zugeben.
- In einer großen Schüssel Vollkorn- und Weizenmehl, Müsli (bis auf 1 EL), Weizenkeime und Backpulver vermischen und eine Mulde in die Mitte drücken. Aprikosenmischung hineingeben und mit einem Holzlöffel kurz unterrühren.
- Muffinblech einfetten, Förmchen bis zur Hälfte mit Teig füllen. Jeweils etwas Fruchtpüree mit einem Teelöffel in die Mitte des Teiges setzen und den restlichen Teig darüber geben. Zutaten für den Belag in einer Schüssel vermischen, Muffins damit bestreuen.
- Muffins auf der mittleren Schiene des Backofens in 20–25 Minuten hellbraun backen. Aus dem Ofen nehmen und abkühlen lassen. Muffins aus den Formen lösen, noch lauwarm mit frischer Butter oder den „Leckeren Vier“ (Rezepte Seite 39) servieren.

Der Trick: Muffins schon zum Frühstück, hurra! Wenn die Kids wüssten, dass die kleinen Küchlein voller gesunder Sachen stecken! Vollkornmehl und Haferflocken sind wichtige Kohlenhydratspender und enthalten besonders viele B-Vitamine und Eisen. Und die getrockneten Aprikosen sind beim Vitamin A-Gehalt echt Spitze!

Süße Bruschetta

Sonntagsvergnügen alla italiana

Für 8 kleine Bruschette
4 Scheiben Vollkorntoast
2 EL Mascarpone (ital. Frischkäse)
2 EL flüssiger Honig
1 Kiwi
3–4 Erdbeeren
1 Nektarine

- Vollkorntoast rösten, mit Plätzchenausstechern Blumen, Kreise etc. ausstechen. Obst waschen, putzen, in feine Streifen schneiden.
- Mascarpone und Honig gut verrühren, auf die Toast-Bruschettas streichen.
- Mit feinen Erdbeerscheibchen, Kiwischeibchen oder Nektarinenspalten belegen.

Der Trick: Fruchtiges Power-Frühstück für die ganze Familie – mit schön viel Eiweiß, Kalzium und Vitaminen. Die Bruschetta schmeckt auch mit Aprikosen, Kirschen, Johannisbeeren, Heidelbeeren oder anderem Obst der Saison. Mal was anderes: Bruschetta anstelle von Kuchen als Nachmittags-Snack!

Der Trick: Im morgendlichen Chaos vor Schule und Kindergarten bleibt selten Zeit für ein Frühstücksei. Am Wochenende sollten deshalb Eier in Form von Pfannenpizza & Co. ruhig öfter mal auf den Tisch. Denn Eiweiß aus Eiern hat eine hohe biologische Wertigkeit. Der Körper kann daraus optimal eigenes Körpereiweiß aufbauen.

Hat's geschmeckt? fragt Harry Bär
„Kam bei unseren drei Kids sehr gut an, weil sie die Pfannen-Pizza komplett selber machen können."
Sitka, Vater von Kilian, Julian und Sophie, Verwaltungsangestellter

Breakfast-Pizza

Omelett, wie die Kids es lieben: Pizza-Style!

Für 1 Pfannen-Pizza
3 Eier (M)
2 EL Sahne
Salz, Pfeffer
4–5 Kirschtomaten
30 g italienische Salami (am Stück)
30 g Mini-Mozzarella
1 EL Butter

- Eier und Sahne in einer Schüssel verrühren, mit Salz und Pfeffer würzen.
- Kirschtomaten waschen und trockentupfen, Salami häuten.
- Kirschtomaten, Salami und Mozzarella in feine Scheibchen schneiden.
- Butter in einer beschichteten Pfanne erhitzen, Ei-Sahne-Mischung hingeben, kurz stocken lassen, dann wie eine Pizza mit Tomaten, Salami und Mozzarella belegen.
- Zugedeckt bei mittlerer Hitze 4–5 Minuten garen. Auf einen Teller gleiten lassen, in „Pizza-Stücke" schneiden und servieren.

Omelett-Beutelchen

Hier darf ausgepackt werden!

Für 4 Personen
4 Eier (L)
Salz
4 TL Butter
80 g junger Gouda
80 g Kaiserfleisch oder gekochter Schinken
8 lange Schnittlauchhalme

- Backofen auf 200° vorheizen.
- Eier mit etwas Salz verquirlen. In einer beschichteten Pfanne mit je 1 TL Butter nacheinander 4 dünne Omeletts backen.
- Gouda und Kaiserfleisch oder gekochten Schinken in Streifen schneiden und auf die Mitte der Omeletts geben. Omeletts wie einen Beutel zusammenschlagen und mit je 2 Schnittlauchhalmen locker zusammenbinden.
- Omelettbeutelchen auf ein mit Backpapier ausgelegtes Blech setzen, im vorgeheizten Ofen 5–6 Minuten backen.

Der Trick: Sonntags-Ei auf neue Art – und im Eigelb stecken wertvolle Carotinoide, wichtige Schutzstoffe für die Körperzellen. Mit gebuttertem Roggen- oder Vollkornbrot und Gemüse-Sticks (Gurken, Möhren, Paprika) der ideale Energy-Start ins Wochenende!

Frühstück-Specials für Minis ...

... sind klein, aber fein – für alle, die gerade ihre ersten eigenen Essversuche starten und noch ein bisschen wehmütig nach dem Fläschchen schielen.

Strohhalm-Müsli

Vitamin-Frühstück zum Trinken

Für 1 Kind
100 g Joghurt
60 ml frisch gepresster Orangensaft
1/2 EL Weizenkeime (aus dem Reformhaus)
3 EL Fruchtpüree (siehe Rezept Seite 39)

- Joghurt mit Orangensaft, Weizenkeimen und Fruchtpüree in einen hohen Rührbecher geben. Alles mit dem Pürierstab fein pürieren.
- Trink-Müsli in ein Glas mit dickem Strohhalm oder eine Trinklerntasse füllen.

Der Trick: Das Trink-Müsli ist schnell gemixt, und den Kleinen liefert es eine Extraportion Nährstoffe: Aus Joghurt kommen Eiweiß und Kalzium, aus dem Orangensaft Vitamin C, und in den Weizenkeimen stecken wertvolle B-Vitamine und Vitamin E. Am besten immer frisch zubereiten, weil die Weizenkeime quellen und das Trink-Müsli sonst eindickt.
Ideal auch für Kinder mit Wackelzähnen!

Mini-Würfel

Vollkornbrot mit zarter Käsefüllung

Für 1 Kind
1 dicke Scheibe weiches Vollkornbrot (ca. 5 cm, ohne Rinde)
1 Scheibe junger Gouda (ca. 40 g)

- Backofen-Grill vorheizen. Brotscheibe in 3–4 cm große Quadrate schneiden. Käse fein würfeln.
- Brotwürfel in der Mitte aushöhlen und mit Gouda füllen.
- Mini-Würfel unter dem vorgeheizten Grill 2–3 Minuten überbacken, bis der Käse geschmolzen ist. Etwas abkühlen lassen.

Der Trick: Gesundes Vollkornfrühstück für die Kleinsten – und es schult die Essen-in-den-Mund-Bewegung. Optimal mit einem Glas Milch und etwas Obst und Gemüse zum Knabbern.

Bauklötzchen

Staunen, betasten und genießen

Für 1 Kind
2 Scheiben weiches Vollkornbrot (ohne Rinde)
2 EL Frischkäse
1 Scheibe junger Gouda (ca. 40 g, ohne Rinde)

- Brotscheiben mit Frischkäse bestreichen, 1 Brotseite mit Käse belegen, sodass nichts über den Rand steht. Zweite Brotscheibe darauf setzen.
- Brote in kleine Dreiecke und Quadrate schneiden und mit einem Plätzchenausstecher Kreise ausstechen.

Der Trick: Bauklötzchen und Mini-Würfel sind die „Einsteiger"-Rezepte ins Vollkornbrot-Leben.

Smily-Omelett

So fängt der Morgen gleich gut an!

Für 1 Kind
1 Ei (M)
2 EL Milch
1 TL Butter
2 EL Fruchtpüree, Quarkcreme oder Frischkäse-Honig-Creme (siehe Rezepte Seite 39)

- Ei trennen. Eigelb mit Milch verrühren, Eiweiß in einem Rührbecher mit den Schneebesen des Handrührers steif schlagen. Eiweiß unter die Eigelbmasse heben.
- Butter in einer kleinen beschichteten Pfanne erhitzen und den Eischaum hineingeben. Zugedeckt bei kleiner Hitze fest werden lassen.
- Omelettrand vorsichtig lösen, Omelett auf einen Teller gleiten lassen.
- Fruchtpüree (oder Cremes) in einen Gefrierbeutel füllen, eine kleine Ecke abschneiden und mit dem Fruchtpüree ein „Smily-Gesicht" auf das Omelett zeichnen.

Leicht gerösteten Vollkorntoast oder frisches Roggenbrot mit etwas Butter bestreichen und dazu reichen.

Der Trick: Dieses Omelett macht nicht nur gute Laune – es enthält auch wertvolle Aminosäuren für Gehirn und Nerven, außerdem Mineralstoffe, B-Vitamine und Vitamin C.

Vanille-Milchsee

Für alle Minis, die ihre Milch nicht mehr aus der Flasche trinken wollen oder sollen

Für 1 Kind
120 ml Vollmilch
1/2 Vanillestange
1 TL Birnendicksaft
1 Scheibe Vollkorntoast
1 Bananenscheibe
1 Klecks Quarkcreme mit Vanille oder Frischkäse-Honig-Creme (siehe Rezepte Seite 39)

- Milch mit aufgeschlitzter Vanilleschote und Birnendicksaft erhitzen.
- Vollkorntoast rösten und mit Plätzchenausstechern einen Kreis und ein Bärchen ausstechen.
- Toastkreis in die Mitte eines tiefen Teller setzen und mit 1 Bananenscheibe belegen. 1 Klecks Quark- oder Frischkäsecreme darauf setzen, Toastbärchen hineinstecken.
- Vanilleschote entfernen und die warme Honig-Vanille-Milch vorsichtig angießen.

Der Trick: Hier wird die wichtige Morgenportion Vollmilch aus dem Teller gelöffelt – die sollten Kinder bis ins Schulalter und darüber hinaus bekommen. Milch ist eines der wichtigsten Lebensmittel, das in größeren Mengen Kalzium enthält. Das macht Knochen und Zähne stabil.

Mittags

Jeden Mittag muss das Essen auf den Tisch …

… und immer ganz schnell etwas Leckeres und Gesundes zu „zaubern“, ist keine leichte Übung! Damit wir nicht jeden Tag wieder ratlos vor den Töpfen stehen („Was soll ich bloß kochen?“) und die lieben Kleinen vom Essen wirklich begeistert sind, haben wir Rezepte für alle möglichen Mittagssituationen vorbereitet: Wenn zum Beispiel ein Großer und ein bis zwei Kleine gemeinsam speisen. Oder wenn mehrere Geschwister zu unterschiedlichen Zeiten zu Hause einlaufen. Und wenn die „Darf Niklas bei mir essen?“-Situation auftritt und aus einem plötzlich sieben Zwerge werden, die einen Bärenhunger haben!

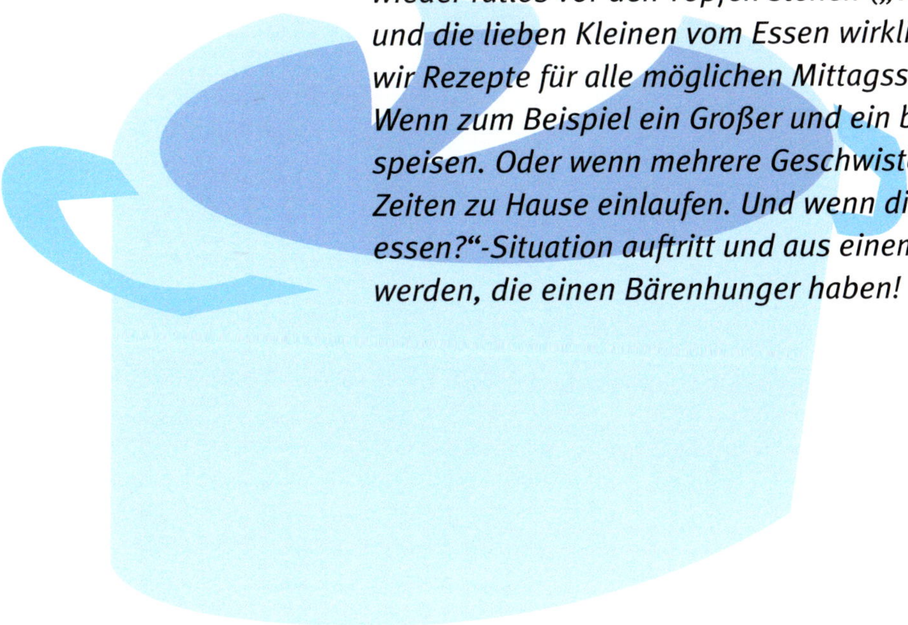

Schnelle Lunch-Ideen für jeden Tag

Von Montag bis Freitag ist keine Zeit für große Küchen-Experimente! Mama (oder Papa, Oma, Tagesmutter) möchte ohne übertriebenen Aufwand – aber natürlich gesund! – kochen. Außerdem soll's außer den Kids auch den „Großen" schmecken. Hier können wir helfen: leckere Two-and-one-Rezepte – ruckzuck serviert!

Spaghetti-Päckchen

Knallbonbon für Pasta-Fans

Für 2 kleine und 1 großen Esser
250 g Spaghetti
Salz
Backpapier
1 Portion Tomatensoße „Die geht immer" (Rezept Seite 70)
1 Hand voll Basilikumblättchen (in Streifen)
3 Mini-Mozzarella
3 EL Gouda oder Emmentaler (gerieben)
3 EL Parmesan (gerieben)
Pfeffer

- Spaghetti in reichlich kochendem Salzwasser garen, in ein Sieb abgießen und abtropfen lassen.
- Backofen auf 200° vorheizen.
- Backpapier in 3 ca. 20 x 30 cm große Rechtecke schneiden. Gekochte Spaghetti als „Nestchen" in die Mitte setzen.
- Tomatensoße auf den Nudelnestchen verteilen und mit Basilikum bestreuen.
- Mini-Mozzarella in die Mitte setzen. Nudeln mit Gouda oder Emmentaler und Parmesan bestreuen, leicht salzen und pfeffern.
- Backpapier über den Nudeln zusammenklappen, an den Enden wie Bonbons zu Päckchen festdrehen.
- Nudel-Päckchen auf ein Blech setzen und im vorgeheizten Backofen 6 – 8 Minuten garen.

Der Trick: Vollkorn-Spaghetti haben tatsächlich mehr gesunde Inhaltsstoffe als Normalpasta. Aber Hand aufs Herz, wie reagiert Ihr Kind auf nicht sehr attraktive, bräunliche Teigwaren? Lassen Sie die Kids ruhig ohne schlechtes Gewissen „normale" Spaghetti essen. Auf die tägliche Vollkornquote kommen sie nämlich ganz leicht mit ein paar Scheiben Vollkorn- oder Mehrkornbrot, Vollkorntoast und Vollkornmüsli.

Mamas Ketchup

Unser „Superstar" – nur mit natürlichen Zutaten und ganz ohne Zucker!

Für 1 Flasche von 1/2 l Inhalt
1 kg reife Tomaten
1 Stück Ingwer (ca. 2 cm)
1 Knoblauchzehe
100 ml Birnendicksaft
50 ml Balsamico-Essig
3 EL helle Sojasauce
3 EL Orangensaft
1 EL Ajvar (Paprikazubereitung, Fertigprodukt)
Salz, Pfeffer, Currypulver

- Tomaten waschen, putzen und grob hacken.
- Tomatenstücke in einen Topf geben. Ingwer und Knoblauch schälen, fein hacken. Mit Birnendicksaft, Balsamico, heller Sojasauce, Orangensaft, Ajvar und je 2–3 Prisen Salz, Pfeffer und Currypulver zu den Tomaten geben.
- Alles aufkochen und offen bei mittlerer Hitze ca. 1 Stunde köcheln lassen, dabei immer wieder umrühren.
- Tomatenmasse durch ein Sieb in eine Schüssel passieren, nochmals abschmecken. Abkühlen lassen, in eine Flasche füllen und verschließen.
- Ketchup im Kühlschrank aufbewahren – hält sich gekühlt mindestens zwei Wochen.

Hat's geschmeckt? fragt Harry Bär
„Mein Kleiner will eigentlich immer nur das eine: Ketchup. Da ist der gesunde ‚Mamas Ketchup' eine prima Alternative."
Beate, Mutter von Adrien, Redakteurin

Der Trick: Bei dieser Kult-Soße können die Konkurrenten aus Fernsehwerbung und Burger-Stationen einpacken: Die schmeckt nicht nur super, sondern ist auch noch top-gesund und ohne Zucker! Die können Sie ohne schlechtes Gewissen zu jedem Essen servieren. Fruchtiger Birnendicksaft bringt hier die Süße.
Außerdem enthält der original hausgemachte „Mamas Ketchup" alles Gute aus der Tomate: Vitamin A und C, Mineralstoffe und wertvolle Bioaktivstoffe!
Ab in die Flasche, „Mamas Ketchup"-Etikett drauf (siehe hintere Umschlagklappe), und schon ist die erste eigene „Hausmarke" fertig!

Picasso-Tortilla

Wie in die Pfanne gemalt …

Für 2 kleine und 1 großen Esser
1 Knoblauchzehe
100 g rotes Paprikafruchtfleisch (geschält)
2 EL Olivenöl
100 g Erbsen (aus der Tiefkühltruhe)
2 EL Frühlingszwiebelringe
400 g gekochte Kartoffeln (mit Schale, vorwiegend festkochend)
Salz, Pfeffer, Paprikapulver
4 Eier (M)

- Knoblauch schälen und fein hacken. Paprikafruchtfleisch in kleine Würfel schneiden.
- Olivenöl in einer beschichteten Pfanne erhitzen. Knoblauch, Paprika, Erbsen und Frühlingszwiebeln darin unter Rühren 3–4 Minuten andünsten.
- Kartoffeln pellen, quer in nicht zu feine Scheiben schneiden. In die Pfanne geben und alles vorsichtig vermischen. Mit Salz, Pfeffer und etwas Paprikapulver bestreuen.
- Eier verquirlen, ebenfalls leicht salzen und pfeffern. Ei-Mischung über Kartoffeln und Gemüse geben und zugedeckt bei kleiner Hitze 8–10 Minuten garen.
- Tortilla zum Servieren in „Tortenstücke" schneiden.

Kartoffeln wenn möglich mit Schale garen – so bleiben Vitamine und Mineralstoffe besser enthalten.

Der Trick: Auch wenn man's ihnen auf den ersten Blick nicht ansieht: Kartoffeln sind gute Vitamin-C-Lieferanten. Sie enthalten reichlich komplexe Kohlenhydrate und machen satt. In Kombination mit Eiern kann ihr pflanzliches Eiweiß vom Körper besonders gut verwertet werden.

Spinat-Tortellini mit Frischkäse-*Soße*

Gemüse im Teigmäntelchen

Für 2 kleine und 1 großen Esser
1 EL Butter
2 EL Frischkäse
2 EL Sahne
60 ml Gemüsebrühe (Fertigprodukt)
2 EL Parmesan (frisch gerieben)
Salz, Pfeffer, Muskatnuss
250 g Spinat-Tortellini (Fertigprodukt, aus dem Kühlregal)

- Butter mit Frischkäse, Sahne und Gemüsebrühe in einem Topf schmelzen lassen, alles mit dem Schneebesen gut verrühren.

- Frisch geriebenen Parmesan untermischen, mit Salz, Pfeffer und etwas frisch geriebener Muskatnuss abschmecken. Soße vom Herd nehmen und zugedeckt warm halten.
- Gleichzeitig Spinat-Tortellini nach Packungsanweisung in kochendem Salzwasser garen, in ein Sieb abgießen und mit der Frischkäse-Soße vermischen.

Hat's geschmeckt? fragt Harry Bär

„Stella ist ein ganz schlechter Esser. Aber bei den Tortellini hat sie sogar zweimal zugelangt!"
Stephan, Vater von Marvin und Stella, Grafiker

Der Trick: Grünes Gemüse löst bei vielen Kindern Protestgeschrei aus – im Tortellini-Mäntelchen hat der Spinat aber eine gute Chance!

Frische Tortellini aus dem Kühlregal haben meist eine bessere Qualität als die Trocken-Varianten. Werfen Sie mal einen Blick auf die Zutatenliste: Sind in den „Spinat-Tortellini" kaum Spinat und Käse, dafür aber haufenweise Paniermehl, Gewürzmischung und Aromen eingearbeitet, sollten Sie sich nach einem anderen Produkt umsehen.

Spinat hat besondere Qualitäten (auch wenn sich das mit dem vielen Eisen inzwischen als Irrtum erwiesen hat): Er enthält viel Kalium, das Zellfunktionen, Nerven- und Muskelreize reguliert. An Vitaminen hat er A (gut für die Augen), C (Infektionsabwehr) und Folsäure (Zellwachstum, Zellteilung) in größeren Mengen zu bieten, und auch der Gehalt an bioaktiven Pflanzenstoffen (alles, was nicht Vitamin oder Mineralstoff und trotzdem gesundheitsförderlich ist) ist nicht zu verachten.

Blümchen-Minestrone

Gemüse zum Pflücken ...

Für 2 kleine und 1 großen Esser
1 Portion Tomatensoße „Die geht immer"(Rezept Seite 70)
1/2 l Gemüsebrühe (Fertigprodukt)
ca. 250 g Gemüse zum „Ausstechen" (Möhre, Zucchini, Kartoffel, gelbe Paprika)
80 g Nudeln (z.B. Maccheroncini)
2 EL Parmesan (gerieben)

- Tomatensoße und Gemüsebrühe erhitzen.
- Gemüse in breite Streifen schneiden und mit einem kleinen Plätzchenausstecher daraus „Gemüseblumen" ausstechen.
- Nudeln zur Tomatensuppe geben, 12–15 Minuten köcheln lassen. Parmesan untermischen und mit Salz und Pfeffer abschmecken.

Der Trick: Was Plätzchenausstecher so alles können! In Form von „Blümchen" haben Paprika & Co. eine echte Chance. Und die Kids „pflücken" so ganz nebenbei ein paar wertvolle Gemüse-Vitamine aus der Suppe. Die dürfen sie vorher natürlich eigenhändig ausstechen!
Tomaten enthalten den wertvollen Pflanzenstoff Lycopin, der freie Radikale bekämpft und das Immunsystem stärkt. Also am besten täglich eine köstliche Dosis Tomatensoße.

Drei-Chinesen-mit-dem-Hähnchenspieß-Platte

Auf den Tisch und los geht's: Selbstbedienung ist angesagt!

Für 2 kleine und 1 großen Esser
200 g Hähnchenbrustfilet
10 Holz-Schaschlikspieße
3 EL helle Sojasoße
2 EL Erdnussbutter (im Glas)
8 EL Orangensaft (frisch gepresst)
5 EL Zitronensaft (frisch gepresst)
1 EL Mamas Ketchup (Rezept Seite 57)
2 Möhren
3 EL Sonnenblumenöl
Salz
9 Papierbackförmchen (ca. 5 cm Durchmesser)
Krupuk (Krabbenchips, Fertigprodukt aus dem Asialaden)

- Hähnchenbrustfilet waschen, mit Küchenpapier trockentupfen und längs in 10 feine Streifen schneiden. Fleischstreifen auf die Schaschlikspießchen „auffädeln".
  Spieße auf einen Teller legen, mit Sojasoße beträufeln und ca. 10 Minuten ziehen lassen.
- Erdnussbutter mit 6 EL Orangensaft, 4 EL Zitronensaft und dem Ketchup gründlich vermischen.
- Möhren schälen, auf der Gemüsereibe raspeln. Möhrenraspel mit restlichem Orangen- und Zitronensaft und 1 EL Sonnenblumenöl vermischen und mit etwas Salz abschmecken.
- Restliches Öl in einer großen Pfanne erhitzen, Spießchen darin in 5–8 Minuten rundherum goldbraun braten.
- Möhrensalat auf 3 Asia-Suppenlöffel verteilen. Je 3 Papierbackförmchen ineinander stecken und den Erdnuss-Dip hineinfüllen.
- Möhrenlöffel und Dip-Förmchen auf eine große Platte setzen. Krupuk in die Mitte geben, Spießchen dazulegen.

Der Trick: Vitamin C mal nicht in der Schale: Hier kommt es mit Orangen- und Zitronensaft völlig unauffällig – sozusagen durchs „Erdnuss-Hintertürchen"!

Napoli-Filets

Wenn bei Capri der Mozzarella auf dem Filet schmilzt …

Für 2 kleine und 1 großen Esser
250 g Schweinefilet
Salz, Pfeffer
2 Tomaten (ca. 200 g)
1 EL Olivenöl
1 Hand voll Basilikumblättchen (in Streifen)
60 g Mini-Mozzarella

- Schweinefilet waschen und mit Küchenpapier trockentupfen. Fleisch in nicht zu dünne Scheiben schneiden, salzen und pfeffern. Tomaten waschen, putzen und quer in Scheiben schneiden.
- Öl in einer beschichteten Pfanne erhitzen und die Fleischscheiben darin von jeder Seite 1–2 Minuten anbraten.
- Tomaten auf den Filetscheiben verteilen, mit Basilikum bestreuen, leicht salzen und pfeffern.

- Mini-Mozzarellabällchen quer halbieren und auf den Fleisch-Tomaten-Scheiben verteilen. Alles zugedeckt bei schwacher Hitze 4–5 Minuten garen.

Nach Belieben mit Kartoffel-Fritters (Rezept Seite 71), Salat (Rezept Seite 78) oder Brot servieren.

Der Trick: Kaum zu glauben: Im Schweinefleisch steckt gute Laune. Ganz im Ernst, wenn's um Vitamin B1, das „Stimmungs-Vitamin" geht, hat das Fleisch vom Schwein Spitzengehalte. Genau richtig für alle Miesepeter und Meckerfritzen!

Bambini-Lasagne

Kulinarische Hochstapelei aus Nudeln, Käse und Tomaten

Für 2 kleine und 1 großen Esser
1 Zucchini (ca. 150 g)
Salz
3 EL Olivenöl
1 Portion Tomatensoße „Die geht immer" (Rezept Seite 71)
6 weiße Lasagneblätter (ca. 80 g, ohne Vorkochen)
150 g Mozzarella
1 Hand voll Basilikumblättchen (in Streifen)

- Zucchini putzen, waschen und trockentupfen. Dann quer halbieren, auf dem Gemüsehobel längs in feine Scheiben hobeln. Scheiben auf einem Teller mit etwas Salz bestreuen und kurz ziehen lassen.
- 2 kleine (ca. 10 cm Durchmesser) und 1 großes ofenfestes Förmchen (ca. 20 cm Durchmesser) mit 1 EL Olivenöl auspinseln und je 1 EL Tomatensoße hineingeben.
- Backofen auf 200° vorheizen.
- Restliches Olivenöl in einer großen Pfanne erhitzen, Zucchinischeiben darin in 1–2 Portionen goldbraun braten und auf Küchenpapier abtropfen lassen.
- Lasagneblätter quer halbieren, Mozzarella in feine Scheibchen schneiden.
- Abwechselnd Lasagneblätter, Tomatensoße, gebratene Zucchini, Basilikum und Mozzarella in die Förmchen schichten. Mit 1 Lasagneblatt, Tomatensoße und Mozzarella abschließen.
- Bambini-Lasagne im vorgeheizten Backofen auf der mittleren Schiene ca. 20 Minuten garen. Herausnehmen, etwas abkühlen lassen und in den Förmchen servieren.

Hier dürfen kleine Pasta-Freaks beim Einschichten helfen!

Der Trick: Basilikum – den essen sogar Kids, bei denen Kräuter, besonders frisch übers Essen gestreut, zur sofortigen Essens-Verweigerung führen. Kräuter-Grün scheint einfach keine Kinderfarbe zu sein. Ausnahme: Basilikum, das in der Regel toleriert wird.

Und Tomatensoße wird von fast allen Kindern geliebt: Bestens, denn darin tummeln sich allerhand Bioaktivstoffe – zum Beispiel Vitamin A (Seh-Vitamin), Beta-Carotin (Vorstufe von Vitamin A) und der sekundäre Pflanzenstoff Lycopin (Zellschutz).

Das Zwölf-bis-zwei-Problem

Mehrere Kids in der Familie – und jedes kommt zu einer anderen Zeit nach Hause ... Da braucht man clevere Rezepte und Essen, die man vorbereiten und dann blitzschnell fertig stellen kann. Und die größere Kinder auch schon mal selber machen können!

Hähnchen-Sticks mit Dips

Fingerfood – eintauchen und Spaß haben!

Für 6 kleine oder 4 große Portionen
400 g Hähnchenbrustfilet
2 EL Mamas Ketchup (Rezept Seite 57)
3 EL cremiger Magerquark
6 EL cremiger Vollmilchjoghurt
3 EL Zitronensaft
3 EL Orangensaft
2 EL Sonnenblumenöl
Salz

Für den grünen Dip:
2 EL Frühlingszwiebeln (gehackt)
1 Messerspitze Senf
1 hart gekochtes Eiweiß

Für den roten Dip:
30 g rote Paprikawürfel
30 g Tomatenwürfel

Für den gelben Dip:
30 g gelbe Paprikawürfel
1 hart gekochtes Eigelb
1 Messerspitze Senf

- Hähnchenfleisch waschen, mit Küchenpapier trockentupfen und in ca. 4 x 2 cm breite Streifen schneiden. In einer Schüssel mit Ketchup und Zitronensaft vermischen.
- Für den grünen Dip 1 EL Quark, 2 EL Joghurt, Frühlingszwiebeln, 1 EL Zitronensaft, 1 EL Orangensaft und Senf vermischen. Hartgekochtes Eiweiß ganz fein hacken, untermischen, mit Salz abschmecken.
- Für den roten Dip ebenfalls 1 EL Quark und 2 EL Joghurt vermischen, Paprika- und Tomatenwürfel zugeben, mit 1 EL Zitronensaft, 1 EL Orangensaft und Salz abschmecken.
- Für den gelben Dip 1 EL Quark und 2 EL Joghurt mit gelben Paprikastückchen, 1 EL Zitronensaft, 1 EL Orangensaft, fein gehacktem Eigelb und Senf gründlich vermischen, mit Salz würzen.
- Öl in einer Pfanne erhitzen, Fleischstücke darin unter Rühren in 5–6 Minuten goldbraun braten und mit den Dips servieren.

Dips vorbereiten, Fleisch jeweils nach Bedarf braten.

Der Trick: Die meisten Kinder lieben Hähnchen – freuen Sie sich darüber, denn die Sticks sind echtes Power-Food. Hier kriegen die Kids eine Riesen-Portion hochwertiges Eiweiß (Hähnchen, Quark, Joghurt, Ei) und viel Vitamin C (Zitrone, Orange, Paprika).

Hat's geschmeckt? fragt Harry Bär
„Das ist Sophies Lieblingsessen. Und die Dips kann sie schon ganz alleine machen!"
Sitka, Vater von Kilian, Sophie und Julian, Verwaltungsangestellter

Meatball-Sugo

Kleine Bällchen zum Reinkugeln

Für 6 kleine oder 4 große Portionen
250 g mageres Rinderhackfleisch (Tartar)
1 Ei (M)
4 EL geriebener Parmesan
Salz, Pfeffer
1 Portion Tomatensoße „Die geht immer" (Rezept Seite 70)

- Tatar mit Ei und Parmesan vermischen, salzen und pfeffern.
- Tomatensoße in einem großen Topf erhitzen. Hände anfeuchten und aus der Fleischmasse kirschgroße Bällchen formen. In die heiße Soße geben und bei kleiner Hitze ca. 20 Minuten gar köcheln lassen.

Dazu gibt's Pasta oder Gnocchi. Beilagen vorkochen und portionsweise mit dem Sugo erwärmen.

Der Trick: Fleisch in Kugelform kommt immer gut. Die Bällchen enthalten wenig Fett, viel Eiweiß, außerdem Eisen (Blutbildung), Zink (Wundheilung, Infektabwehr) und das B-Vitamin Niacin (Energiegewinnung).

Cappuccino-Suppe

Leckere Tomatensuppe unter cremigem Milchschaum

Für 6 kleine oder 4 große Portionen
1 EL Olivenöl
4 EL Frühlingszwiebelröllchen
1 Knoblauchzehe
4 Fleischtomaten (ca. 1 kg)
500 ml Gemüsebrühe (Fertigprodukt)
Salz, Pfeffer, Zucker
2 EL Balsamico-Essig
4–6 EL gekochter Reis
Milch

- Öl in einem Topf erhitzen, Frühlingszwiebelröllchen und geschälte, fein gehackte Knoblauchzehe darin andünsten.
- Tomaten waschen, Stielansatz entfernen, Fruchtfleisch mit Kernen grob hacken, zu den Frühlingszwiebeln geben.
- Gemüsebrühe angießen, mit Salz, Pfeffer, 1 Prise Zucker und Balsamico-Essig würzen, alles bei mittlerer Hitze 20 Minuten köcheln lassen.
- Tomatensuppe mit dem Pürierstab durch ein feines Sieb streichen (oder durch die „flotte Lotte" drehen).
- Tomatensuppe in Tassen mit je 1 EL gekochtem Reis anrichten. Milch erhitzen, mit dem Pürierstab oder einem Milchaufschäumer schaumig schlagen, Milchschaum auf den „Cappuccino"-Tassen verteilen.

Hat's geschmeckt? fragt Harry Bär

„Cappuccino-Suppe – die ist ja eigentlich nur für Erwachsene! Als ich das gesagt habe, wollte Helena gleich ganz viel davon ..."
Claudia, Mutter von Helena und Nina, EDV-Fachfrau

Der Trick: Ein ganz leichtes Mittagessen, wenn das Kind nicht so viel Hunger hat – mit Vitamin A und vielen sekundären Pflanzenstoffen.
Mit einem Milchaufschäumer können die Kids hier selbst Hand anlegen – und schon mal für die Prämierung des besten Schaumschlägers aller Zeiten üben!

Mini-Souflaki mit Salat-Pita

Schmeckt wie im Urlaub!

Für 6 kleine oder 4 große Portionen
300 g Schweinefilet
12 Holz-Schaschlikspieße
1 Knoblauchzehe
2 EL Olivenöl
1/2 TL Oregano (getrocknet)
Salz
150 g Eisbergsalat
150 g Salatgurke
150 g rotes Paprikafruchtfleisch (geschält)
4 EL griechischer Joghurt (oder cremiger Vollmilchjoghurt)
2 EL Orangensaft
2 EL Zitronensaft
2 EL Apfelessig
Pita-Brot (frisch oder zum Aufbacken im Toaster)

- Schweinefilet waschen, mit Küchenpapier trockentupfen und in kleine Würfel (ca. 1,5 x 1,5 cm) schneiden. Fleischwürfel auf die Holzspieße stecken und in eine flache Schüssel legen.
- Knoblauch schälen, durch die Presse drücken und mit Olivenöl, Oregano und 1–2 Prisen Salz vermischen. Fleisch mit dem Würzöl beträufeln und mindestens 30 Minuten durchziehen lassen.

- Eissalat putzen, waschen, trockenschleudern und in feine Streifen schneiden. Gurke waschen und längs halbieren. Die Kerne herausschaben, Gurke quer in feine Scheibchen schneiden. Paprikafruchtfleisch in feine Streifen schneiden.
- Joghurt mit Orangensaft, Zitronensaft und Apfelessig vermischen, mit Salz abschmecken.
- Eine beschichtete Pfanne erhitzen, Spießchen mit Würzöl zugeben, rundherum in 6–8 Minuten knusprig braun braten.
- Pita-Brot im Toaster aufbacken. Salat-Mix und 1 Klecks Joghurt in die Brottaschen geben, Souflaki-Spießchen dazu servieren.

Salat-Mix und Joghurt vorbereiten. Spießchen portionsweise braten, Pita-Brote nach Bedarf aufbacken.

Der Trick: Macht müde Kinder wieder munter: Schweinefleisch enthält eine Extraportion Vitamin B 1 – gut gegen Schlappheit und Appetitlosigkeit! Dazu: Vitamin C aus Paprika, Zitronen- und Orangensaft.

Vegi-Chili

Steht bei Kids hoch im Kurs: Mexican Food!

Für 6 kleine oder 4 große Portionen
1 Knoblauchzehe
1 Zwiebel
1 EL Olivenöl
300 g Paprikaschoten (rot, gelb, grün)
250 ml Gemüsebrühe (Instant)
200 ml passierte Tomaten (Fertigprodukt)
300 g Kartoffeln (vorwiegend festkochend)
1 Dose Bio-Mais (250 g Abtropfgewicht)
1 Dose weiße italienische Bohnen (280 g Abtropfgewicht)
2 EL Ajvar (Paprikazubereitung, aus dem Glas)
3 EL Balsamico-Essig
2 EL Zitronensaft
Salz, Pfeffer
100 g geriebener Käse (z.B. Edamer)
Tortilla-Chips (Fertigprodukt)

- Knoblauch und Zwiebel schälen und fein hacken. Öl in einem großen Topf erhitzen, Knoblauch und Zwiebel darin andünsten.
- Paprika waschen, putzen und in 1–2 cm große Würfel schneiden, zugeben, unter Rühren kurz mit andünsten.
- Gemüsebrühe und passierte Tomaten angießen, alles gut vermischen.
- Kartoffeln schälen, in kleine Würfelchen schneiden.
- Mais und Bohnen in einem Sieb abtropfen lassen, mit den Kartoffeln zum Chili geben.
- Chili mit Ajvar, Balsamico-Essig, Zitronensaft, Salz und Pfeffer würzen, bei mittlerer Hitze ca. 15 Minuten köcheln lassen. Geriebenen Käse und Tortilla-Chips in kleinen Schälchen dazu servieren.

Der Trick: Bohnen enthalten wertvolles pflanzliches Eiweiß – diese vegetarische Variante ist ideal für Kinder, die nicht so gerne Fleisch essen. Wetten, dass das „angesagte" Chili ruckzuck verdrückt ist?!

Gemüse-Bolognese

Gemüse satt – clever verpackt!

Für 6 kleine oder 4 große Portionen
je 100 g Möhren, rote Paprikaschote, Fenchel, Stangensellerie und Frühlingszwiebeln
1 Knoblauchzehe
2 EL Olivenöl
1 große Dose Tomaten (480 g Abtropfgewicht)
150 ml Gemüsebrühe (Instant)
Salz, Pfeffer
2 EL Balsamico-Essig
2 EL Basilikum-Blättchen (gehackt)
1 TL Thymian (getrocknet)
3 EL Parmesan (frisch gerieben)
4 EL Mozzarella-Würfelchen

Dazu wahlweise: Nudeln, Gnocchi, Kartoffel-Fritters (siehe Rezept Seite 71) oder Kartoffelbrei (siehe Rezept Seite 72)

- Möhren schälen. Paprika, Fenchel, Stangensellerie und Frühlingszwiebeln putzen und waschen. Gemüse in sehr feine Würfelchen schneiden (oder wenn's ganz schnell gehen muss, nur grob hacken und im elektrischen Zerhacker zerkleinern).
- Knoblauchzehe schälen und fein hacken.
- Olivenöl in einem Topf erhitzen, Gemüsewürfelchen und Knoblauch darin unter Rühren 3–4 Minuten andünsten. Dosentomaten zugeben, mit einer Gabel leicht zerdrücken.
- Gemüsebrühe angießen, Soße mit Salz, Pfeffer, Balsamico-Essig, Basilikum und Thymian würzen, alles 20–25 Minuten bei mittlerer Hitze köcheln lassen.
- Geriebenen Parmesan unterrühren, nochmals abschmecken.
- Soße mit Mozzarella-Würfelchen und der gewünschten Beilage anrichten.

Der Trick: So viel gesundes Gemüse – wetten, dass erstmal keiner was merkt? Manche Kids nähern sich buntem Gemüse nur, wenn es gut getarnt ist. Das bedeutet: klein schneiden, klein würfeln, klein hacken! Mit der Gemüse-Bolognese kriegen Sie auch die standhaftesten Verweigerer – und liefern ihnen die ganze Palette wichtiger Vitamine, Mineralstoffe und sekundärer Pflanzenstoffe!

After-School-Soup

Flottes Süppchen für ausgepowerte Kids

Für 6 kleine oder 4 große Portionen
1,5 l Gemüsebrühe (Instant)
200 g Hähnchenbrustfilet
80 g Buchstaben-Nudeln
Salz
150 g Gemüsefruchtfleisch
(z.B. Möhren, Kartoffeln, Zucchini, Paprika)
kleine Plätzchenausstecher für Zahlen oder Buchstaben
50 g fester Tofu
4 EL helle Sojasoße
2 EL Zitronensaft

- Gemüsebrühe in einem Topf erhitzen.
- Hähnchenbrustfilet waschen, mit Küchenpapier trockentupfen und in ca. 2 x 2 cm große Würfel schneiden.
- Hähnchenwürfel zur Suppe geben, 4–5 Minuten bei kleiner Hitze köcheln lassen.
- Buchstaben-Nudeln nach Packungsanweisung in kochendem Salzwasser garen, in ein Sieb abgießen.
- Aus dem Gemüsefruchtfleisch (gewaschen und geschält) Zahlen und Buchstaben ausstechen, zur Suppe geben, weitere 4–5 Minuten köcheln lassen.

- Tofu fein würfeln, mit Sojasoße und Zitronensaft zur Suppe geben, 2–3 Minuten mitziehen lassen.
- Zuletzt die Buchstaben-Nudeln wieder zugeben, Suppe servieren.

Größere Kinder können sich die Suppe beim Nach-Hause-Kommen auch selbst portionsweise in einem kleinen Topf oder in der Mikrowelle warm machen.

Hat's geschmeckt? fragt Harry Bär
„Den Tofu haben die Kids anstandslos mitgefuttert – und es gar nicht gemerkt."
Lothar, Vater von Niklas, Tristan und Lilith, Software-Entwickler

Der Trick: Wer Buchstaben und Zahlen im Bauch hat, schafft die Hausaufgaben umso schneller!
So rutscht löffelweise ein leichtes, gut verdauliches Essen in den Kindermagen!

Kleiner Chefsalat

„Wer ist hier eigentlich der Chef …?"

Für 6 kleine oder 4 große Portionen
1 kleiner Eisbergsalat (ca. 300 g)
100 g gelbes Paprikafruchtfleisch (geschält)
100 g Salatgurke
100 g Kirschtomaten
100 g Bio-Maiskörner (aus der Dose)
50 g gekochter Schinken oder Putenschinken (in Scheiben)
50 g Edamer (am Stück)
3 hartgekochte Eier (M)
1 EL Balsamico bianco
2 EL Zitronensaft
3 EL Orangensaft
3 EL cremiger Magerjoghurt
2 EL Salatcreme (Fertigprodukt)
1/2 TL Senf
Salz, Pfeffer

- Eisbergsalat putzen, waschen, trockenschleudern und in mundgerechte Stücke zupfen.
- Paprikafruchtfleisch in 2 cm große Quadrate schneiden. Gurke waschen, längs halbieren und die Kerne entfernen. Gurke quer in Scheibchen schneiden. Kirschtomaten waschen und vierteln. Kerne und Stielansätze entfernen.
- Mais in einem Sieb abtropfen lassen. Schinken und Edamer in 3–4 cm lange, feine Streifen schneiden.
- Hartgekochte Eier pellen und längs halbieren.
- Balsamico bianco mit Zitronensaft, Orangensaft, Joghurt, Salatcreme und Senf vermischen, mit Salz und Pfeffer abschmecken.
- Salat mit der Joghurt-Soße in einer großen Schüssel vermischen und mit den Eihälften anrichten.

Salatzutaten in einzelnen Schüsselchen anrichten und mit Klarsichtfolie abgedeckt in den Kühlschrank stellen. Wer kommt, mischt sich seinen Chefsalat einfach selbst!

Der Trick: Obwohl Kinder von Salat eigentlich nicht so begeistert sind – diese knackige Mischung aus vielen frischen Zutaten wurde von unserer Testerrunde zum Lieblings-Essen erklärt.
Im bunten Gemüse stecken viel Vitamin C, Vitamin A und heilsame Bioaktivstoffe. Letztere erkennt man schon an der Farbe von Tomate, Paprika & Co.: je intensiver, desto besser!

Wenn sieben Zwerge Hunger haben

Kennen Sie das? Nicht nur die eigenen Sprösslinge kommen mit einem Riesenhunger nach Hause – sie haben auch gleich noch ihre Freunde mitgebracht ...
Hier ist Kochen aus dem Vorrat angesagt. Und mit ein bisschen Planung zaubern Sie im Handumdrehen leckere Überraschungsessen!

Schiff-Ahoi-Suppe mit Würstchen-Booten

Auf Kreuzfahrt übers Kartoffelmeer

Für 7 kleine und 1 großen Esser
400 g Lauch (ohne Grün)
800 g Kartoffeln (mehlig kochend)
1 Knoblauchzehe
2 EL Sonnenblumenöl
1,2 l Gemüsebrühe (Instant)
100 ml Vollmilch
50 ml Sahne
Salz, Pfeffer, geriebene Muskatnuss
2 EL Balsamico bianco
1 Glas Cocktail-Würstchen (260 g Abtropfgewicht)
6 Scheiben Vollkorntoast

- Lauch putzen, waschen und in feine Ringe schneiden.
- Kartoffeln schälen, waschen, grob würfeln. Knoblauch schälen, fein hacken.
- Öl in einem großen Topf erhitzen. Lauch, Kartoffeln und Knoblauch darin unter Rühren andünsten.
- Gemüsebrühe angießen, bei mittlerer Hitze ca. 15 Minuten köcheln lassen.
- Milch und Sahne zugeben, noch 5–6 Minuten weiterköcheln lassen. Suppe mit dem Pürierstab fein pürieren, mit Salz, Pfeffer, Muskatnuss und Balsamico bianco abschmecken.

Hat's geschmeckt? fragt Harry Bär
„Das ideale Essen für Stella – mit ‚Ess-Spielzeug' schmeckt's ihr gleich viel besser!"
Stephan, Vater von Marvin und Stella, Grafiker

- Cocktail-Würstchen in ein Sieb abgießen und abtropfen lassen. Für ein Boot je 3 Würstchen nebeneinander legen, mit einem Zahnstocher oder einem bunten Plastikspießchen aufspießen.
- Toastscheiben leicht rösten, Ränder abschneiden. Brote zweimal diagonal halbieren, sodass kleine Dreiecke entstehen.
- Brotdreiecke als Segel mit einem Zahnstocher in eines der Würstchen stecken.
- Heiße Suppe auf Teller verteilen, Würstchen-Boote kurz darin erwärmen.

Toastbrot einfach in der Originalverpackung einfrieren und die Scheiben gleich tiefgefroren in den Toaster stecken.

Der Trick: Kaum schwimmt ein Würstchen-Boot auf der Kartoffelsuppe, ist auch das Interesse der Kinder geweckt! So essen sie mit Spaß Vitamine, Mineral- und Bioaktivstoffe.

Chinapfanne Li Si

Macht richtig Lust auf Asia-Futter!

Für 7 kleine und 1 großen Esser
je 1 Möhre und Zucchini
1 rote Paprikaschote
1 Zwiebel
1 Knoblauchzehe
4 EL Öl
300 g Schnellkochreis (parboiled)
450 ml Gemüsebrühe (Instant)
24 Frühlingsröllchen (tiefgekühlt, aus dem Asialaden)
2 EL Sojasoße
2 EL Zitronensaft
3 EL Orangensaft
Mamas Ketchup (Rezept Seite 57)

- Möhre schälen, Zucchini und Paprika putzen und waschen. Möhre und Zucchini auf der Gemüsereibe grob raspeln, Paprika in ganz feine Streifchen schneiden.
- Zwiebel und Knoblauch schälen, fein hacken, mit 1 EL Öl in einer Pfanne andünsten.
- Gemüse und Reis in die Pfanne geben, unter Rühren 3–4 Minuten mitbraten.
- Gemüsebrühe angießen, alles 10–12 Minuten bei mittlerer Hitze köcheln lassen.
- Restliches Öl in einer zweiten Pfanne erhitzen, tiefgefrorene Frühlingsröllchen zugeben, bei mittlerer Hitze in 6–8 Minuten goldbraun braten, dabei 1–2-mal wenden.
- Reispfanne mit Sojasoße, Zitronen- und Orangensaft vermischen, mit Salz abschmecken, Frühlingsröllchen darauf anrichten. Mit Mamas Ketchup servieren.

Der Trick: In den meisten gesundheitsbewussten Kochbüchern würde hier wohl Vollkornreis empfohlen. Aber der ist bei den meisten Kids richtig unbeliebt (und braucht außerdem lange, um gar zu werden). Wir empfehlen deshalb parboiled Reis – der ist zwar weiß, enthält aber durch sein spezielles Herstellungsverfahren bedeutend mehr Vitamine und Mineralstoffe als normaler „weißer“ Reis.

Tomatensoße „Die geht immer"

Der Klassiker! Ruckzuck fertig und immer richtig

Für 7 kleine und 1 großen Esser
80 g Frühlingszwiebeln (oder andere Zwiebeln)
1 Knoblauchzehe
2 EL Olivenöl
2 kleine Dosen Tomaten (à 240 g Abtropfgewicht)
200 ml Gemüsebrühe (Instant)
Salz, Pfeffer, Zucker
2 EL Balsamico-Essig
2 EL Basilikumblättchen (gehackt)
2 EL Parmesan (frisch gerieben)

- Frühlingszwiebeln putzen, waschen und fein hacken. Knoblauch schälen und ebenfalls fein hacken.
- Olivenöl in einem Topf erhitzen, Zwiebeln und Knoblauch unter Rühren darin andünsten.
- Dosentomaten zugeben, mit einer Gabel zerdrücken. Gemüsebrühe angießen, mit Salz, Pfeffer und 1 Prise Zucker würzen.
- Balsamico-Essig und Basilikumblättchen unterrühren, 15–20 Minuten bei mittlerer Hitze offen köcheln lassen, dabei immer wieder durchrühren.
- Parmesan untermischen, die Soße nochmals abschmecken.
- Und dazu gibt's heute Pasta. Basta!

Dieses Tomaten-Sugo ist das ideale Essen für den „Viele Kinder haben Hunger"-Überraschungsangriff: Nudeln, Dosentomaten, Zwiebeln, Knoblauch und Parmesan kann man ohne Probleme immer im Vorrat haben. Basilikum als kleine Pflanze im Töpfchen kaufen (gibt's auch im Supermarkt) – hält auf der Fensterbank sogar im Winter ein paar Tage!

Der Trick: Auch wenn Ihr Kind zum hundertsten Mal Pasta mit Tomatensoße verlangt – bleiben Sie gelassen! In diesem Fall fordert es nämlich mit Nachdruck etwas ganz Gesundes (von den meisten Fertigsoßen mal abgesehen!). Ob frisch, aus der Flasche oder aus der Dose: Tomaten sind Spitzenreiter, wenn's um den Gehalt an Vitamin A und die zellschützenden Bioaktivstoffe Beta-Carotin und Lycopin geht. Die Inhaltsstoffe aus Zwiebeln und Knoblauch tun ein Übriges: Sie stärken das Immunsystem und bekämpfen Viren und Bakterien. Ein guter Grund, unsere leckere Soße auch als Basis für viele weitere Rezepte zu verwenden, zum Beispiel Meatball-Sugo (Seite 63), Blümchen-Minestrone (Seite 59) oder Bambini-Lasagne (Seite 61).

Hat's geschmeckt? fragt Harry Bär

„Mein Mann hat Spätzle mit dieser Tomatensoße ausprobiert – kam auch bei allen gut an!"
Ines, Mutter von Niklas, Tristan und Lilith, Ökotrophologin

Gnocchi aus dem Ofen

Zarte Mini-Klößchen mit leckerer Käsekruste

Für 7 kleine und 1 großen Esser
2 große Päckchen Gnocchi (à 500 g, Fertigprodukt)
Salz
1 Portion Tomatensoße (siehe Rezept linke Seite)
4 EL geriebener Parmesan
1 Hand voll Basilikumblättchen (in Streifen)
2 Päckchen Mozzarella (à 200 g)

- Backofen auf 200° vorheizen.
- Gnocchi in kochendem Salzwasser einmal aufkochen lassen, in ein Sieb abgießen und abtropfen lassen.
- 2 EL Tomatensoße in eine große, ofenfeste Form geben. Gnocchi verteilen, restliche Tomatensoße darüber gießen.
- Alles mit geriebenem Parmesan und Basilikum bestreuen. Mozzarella abtropfen lassen, grob würfeln und gleichmäßig auf den Gnocchi verteilen. Im vorgeheizten Ofen auf der mittleren Schiene 8–10 Minuten überbacken.

Der Trick: Gnocchi sind schon bei kleinen Kids sehr beliebt: weil sie so schön zart sind und man sie (wenn keiner hinsieht) auch ohne Gabel in den Mund stopfen kann. Die kohlenhydratreichen Bällchen baden in der gesunden „Die geht immer"-Tomatensoße (Rezept linke Seite). Und mit der köstlichen Kruste aus Mozzarella und Parmesan kommt noch ein großes Plus an Eiweiß, Kalzium und Vitamin A dazu!

Fish-and-Chips-Tüten

Very british!

Für 7 kleine und 1 großen Esser
1 kg Kartoffeln
2 EL Olivenöl
Salz
Sonnenblumenöl zum Braten
2 Päckchen Fischstäbchen (à 10 Stück)
Holz-Schaschlikspieße
Kaufladentütchen
Mamas Ketchup (Rezept Seite 57)

- Backofen auf 200° vorheizen. Kartoffeln schälen, waschen und längs in breite Spalten schneiden.
- Kartoffelspalten mit Küchenpapier trockentupfen, mit Olivenöl und Salz vermischen und auf ein mit Backpapier ausgelegtes Backblech legen. Im vorgeheizten Backofen auf der mittleren Schiene in 25–30 Minuten goldbraun backen.
- Öl in einer großen oder zwei kleinen Pfannen erhitzen, Fischstäbchen darin rundherum goldbraun braten.
- Je 1 gebratenes Fischstäbchen auf ein Holz-Spießchen stecken.
- Je 2 Kaufladentütchen ineinander stecken. Für die kleinen Esser je 2 Fischstäbchen-Spieße, 3–4 Kartoffel-Fritters und 1 Klecks Ketchup hineingeben. Fish-and-Chips-Tütchen zum Servieren in Schüsselchen stellen.

Kaufladentüten gibt´s in allen gut sortierten Spielzeug-Geschäften – man kann sie aus Pergament- oder Butterbrotpapier aber auch einfach selber basteln (siehe Klappe hinten).

Der Trick: Kids begeistern sich für alles, was sie aus kleinen Tütchen snacken können. Fischstäbchen werden aus hochwertigem Fischfilet hergestellt (und nicht, wie immer mal wieder gemunkelt wird, aus Fischresten!). Hochwertiges Eiweiß, Omega-3-Fettsäuren und Jod machen den Seefisch so wertvoll. Da kann man die Knusper-Panade in Kauf nehmen.

- Kartoffeln schälen und grob würfeln. In Salzwasser aufkochen lassen und 15–20 Minuten bei mittlerer Hitze garen. Milch leicht erhitzen.
- Tiefkühl-Erbsen mit Gemüsebrühe in einem Topf 8–10 Minuten köcheln lassen. Sahne zugeben, weitere 3–4 Minuten köcheln lassen.
- Kartoffeln abgießen und mit dem Kartoffelstampfer fein zermusen. Butter-Stückchen und warme Milch zugeben, alles gründlich zu einem nicht zu weichen Brei verrühren.
- Erbsen in einen hohen Rührbecher geben, mit dem Pürierstab fein pürieren, mit Salz und Zitronensaft abschmecken.
- Aus längs geschnittenen Gurkenscheiben sowie rotem und gelbem Paprikafruchtfleisch mit einem Plätzchenausstecher Bärchen oder Männchen ausstechen.
- Auf jeden Teller 1 Portion Erbsensoße als „See" geben. 1 großen Klecks Kartoffelbrei daneben setzen, mit einem Messer rundherum zu einem Berg formen und die bunten Gemüsefiguren hineinstecken.

Kartoffelbrei-Berge am Erbsensee

Überfahrt zum Mount Potatoe!

Für 7 kleine Esser
1 kg Kartoffeln (mehligkochend)
Salz
300 g Erbsen (aus der Tiefkühltruhe)
250 ml Gemüsebrühe (Instant)
150 ml Sahne
40 ml fettarme Milch
3 EL Butter
2 EL Zitronensaft
Salatgurke
rotes und gelbes Paprikafruchtfleisch (geschält)
kleine Plätzchenausstecher (Bären oder Männchen)

Der „See" lässt sich prima auch aus Tomaten, Möhren oder Kürbis kochen.

Der Trick: Im „Gemüsesee" schwimmen reichlich Mineralstoffe und sekundäre Pflanzenstoffe. Erbsen enthalten neben hochwertigem Eiweiß auch reichlich B-Vitamin Folsäure, das zusammen mit Vitamin B 12 für die Bildung und Reifung der roten Blutkörperchen zuständig ist. Mit Folsäure sind Kinder oft nicht so gut versorgt. Mehr Folsäure als Erbsen liefern sonst nur Grünkohl und Rosenkohl – beides Gemüse, die Kids in der Regel abgrundtief verabscheuen ...

Muschelnudeln mit Erbsen-Perlen

Für alle Prinzen und Prinzessinnen auf der Erbse

Für 7 kleine und 1 großen Esser
150 g Conchiglioni (große italienische Muschelnudeln)
Salz
1 Zwiebel
100 g gekochter Schinken (ohne Fett, in Scheiben)
2 EL Butter
250 g Erbsen (aus der Tiefkühltruhe)
200 ml Sahne
Pfeffer
80 g geriebener Gouda

- Muschelnudeln in kochendem Salzwasser nach Packungsanweisung knapp gar kochen, in ein Sieb abgießen, kalt abspülen, abtropfen lassen.
- Backofen auf 200° vorheizen. Zwiebel schälen und fein hacken. Gekochten Schinken sehr fein würfeln.
- 1 EL Butter in einer Pfanne erhitzen, Zwiebelwürfel und Schinken darin unter Rühren 3–4 Minuten andünsten.
- Erbsen und Sahne zugeben und 4–5 Minuten köcheln lassen. Mit Salz und Pfeffer würzen.
- Eine ofenfeste Form mit 1 EL Butter ausstreichen. Nudeln mit der Erbsen-Mischung füllen und hineinsetzen.
- Mit geriebenem Gouda bestreuen und im vorgeheizten Ofen auf der mittleren Schiene 5–6 Minuten überbacken.

Der Trick: Beim „Perlensuchen" sind die Kids ganz ins Essen vertieft – und eine grüne Erbse nach der anderen landet im Bauch der kleinen Sammler: samt hochwertigem Eiweiß, Folsäure und reichlich Kalium, Magnesium, Kalzium und Eisen.

Hat's geschmeckt? fragt Harry Bär
„Kilian fand's klasse: Er ist ein totaler Käse-Fan, er hat schon einen richtigen ‚Überbackzwang' entwickelt!"
Sonja, Mutter von Kilian, Sophie und Niklas, Hausfrau

Margherita-Pizza-Toast

Ruckzuck belegt – und schon kann's losgehen!

Für viele Zwerge (je nach Bedarf und Angebot)
Vollkorntoast
passierte Tomaten (Fertigprodukt)
gekochter Schinken
Gouda am Stück (in dünne Scheibchen gehobelt)

- Backofen-Grill vorheizen.
- Toastscheiben rösten und daraus mit einem Glas oder einem Plätzchenausstecher knapp scheibengroße Kreise ausstechen. Schinken klein schneiden.
- Toast-Kreise mit je 1 TL passierter Tomaten bestreichen, mit Schinkenstückchen und Goudascheibchen belegen, auf ein Backblech setzen.
- Pizza-Toast unter dem vorgeheizten Grill überbacken, bis der Käse schmilzt.

Der Trick: In Pizzaform ist das Schinken-Käsebrot auf einmal richtig hip! Wer eine hungrige Meute mit belegtem Vollkorn satt kriegen will, muss richtig schnell sein – so wie dieses Rezept. Knabber-Rohkost dazustellen: Gurkenscheiben, Radieschen oder Paprika-Sticks.

Knabber-Hits für zwischendurch

Gerade kleine Kinder essen am Tisch meist nur Mini-Portionen, haben dafür aber öfter am Tag Appetit. Hier gibt's leckere Fitmacher-Snacks für den kleinen Hunger zwischendurch.

Schoko-Balls

Gesunder Energy-Snack aus Mamas Küche

Für ca. 10 Stück
30 g getrocknete Äpfel (aus dem Reformhaus oder Bioladen, ungeschwefelt)
4 EL frisch gepresster Orangensaft
20 g gehobelte Mandeln
2 EL Birnendicksaft (aus dem Reformhaus)
50 g dunkle Schokolade (66 % Kakao-Anteil)
Pralinenförmchen (gibt's im Supermarkt)

- Äpfel grob hacken, mit Orangensaft in eine Schüssel geben und ca. 10 Minuten ziehen lassen.
- Mandeln in einer beschichteten Pfanne ohne Fett hellbraun rösten.
- Eingeweichte Äpfel mit Mandeln und Birnendicksaft im elektrischen Zerhacker möglichst fein pürieren. Masse zu Bällchen formen.
- Schokolade in einer kleinen Schüssel im heißen Wasserbad schmelzen lassen. Apfel-Nuss-Bällchen durch die geschmolzene Schokolade ziehen und auf einem mit Backpapier oder Folie ausgelegten Teller trocknen lassen.
- Schoko-Balls in Pralinenförmchen anrichten.

Die Äpfel-Bällchen schmecken auch ohne Schokoüberzug richtig lecker!

Der Trick: Diese Sweets darf man mit gutem Gewissen naschen – sie sind nämlich ohne Zucker! Die Kombination von Nüssen und Trockenfrüchten bringt Vitamine, Mineralstoffe und ungesättigte Fettsäuren und ist gut für die Verdauung. Generell nur ungeschwefelte Früchte kaufen!
Die Schwefelung dient der Konservierung, kann aber bei Überempfindlichkeit Asthma und Übelkeit auslösen.

Knusper-Tüten

Cashews als würziger Pausenfüller

Für 4–5 Tütchen
100 g Cashew-Kerne (aus dem Reformhaus)
1/2 TL Kräutersalz
1/2 TL Meersalz
Kaufladen-Tütchen (aus dem Spielzeuggeschäft oder selbst gebastelt)

- Cashew-Nüsse in einer beschichteten Pfanne ohne Fett goldbraun rösten, mit Kräutersalz und Meersalz würzen. Abgekühlt in Kaufladen-Tütchen füllen. Wer Lust hat, klebt eine Bärchen-Etikett drauf (siehe hintere Buchklappe).

Der Trick: Tolle Sache für Schulranzen und Kindergarten-Taschen. Denn mit ihren B-Vitaminen sind die Cashews bestes Nerven- und Gehirnfutter!

Hat's geschmeckt? fragt Harry Bär
„Tütenkleben und selber was Leckeres einfüllen: Das hat den Jungs richtig Spaß gemacht!“
Ines, Mutter von Niklas, Tristan und Lilith, Ökotrophologin

Biber-Snack

Saftige Maiskolben zum Runterknabbern

Für 2 Portionen
2 Bio-Maiskolben (500 g, vorgegart, in Folie)
4 Holzzahnstocher
1 EL Butter
1 EL Sonnenblumenöl
Salz
2 EL Basilikumstreifen

- Maiskolben aus der Folie nehmen und mit Küchenpapier trockentupfen, Holzzahnstocher an den Kolbenenden in die weiche Mitte stecken.
- Butter und Öl in einer Pfanne erhitzen, Maiskolben und Basilikumstreifen zugeben. Bei mittlerer Hitze in 8–10 Minuten hellbraun braten, dabei mehrmals wenden, leicht salzen.
- Maiskolben zum Essen an den Holzspießchen anfassen und einfach runterknabbern.

Der Trick: Großer Event mit kleinem Aufwand – und schon wird die gesunde Gemüse-Mahlzeit ohne Protest weggefuttert! Mais enthält viele Carotinoide (gelbe Farbe), darunter Beta-Carotin, das der Körper zu Vitamin A umwandeln kann. Carotinoide kann der Körper mit etwas Fett – in diesem Fall Butter und Öl – besonders gut aufnehmen.

Cocobello

Wer hat die Kokosnuss geklaut?

Schraubenzieher und Hammer
1 kleine Kokosnuss

- Um eine Kokosnuss kleinzukriegen, muss man keine Bärenkräfte haben, sondern nur das richtige Werkzeug und Knowhow: Mit Schraubenzieher und Hammer in die drei Augen der Kokosnuss Löcher meißeln, Saft ausgießen, nach Belieben aufheben.
- Kokosnuss auf ein Küchentuch legen. Mit dem Hammer auf das obere Drittel der Nuss schlagen, bis die Schale zerspringt. Kokosnussfleisch mit einem scharfen Messer stückweise aus der Schale lösen, kalt abspülen.

Der Trick: Kokosnüsse sind die Top-Selen-Lieferanten – ein Spurenelement, das gute Laune macht und dem Körper bei der Entgiftung hilft. Deshalb öfter mal Kokosnuss frisch, als Chips oder geraspelt genießen!

Abends

Was braucht das Kind am Abend?

Mama, Papa, – und was Leckeres zu essen! Schön, wenn die abendliche Gourmet-Runde ein Ritual im Familien-Alltag wird, das alle lieben! Wichtig ist hier, die kulinarischen Bedürfnisse von Eltern und Kindern zusammenzubringen. Denn gerade Väter und Kinder leben oft in zwei völlig entgegengesetzten Geschmackswelten …
Was gehört noch zu einem richtig guten Essen? Natürlich ein schönes Dessert! Wir haben hier ein paar raffinierte Rezepte vorbereitet, die man abends – aber auch mittags, sonntags oder wann immer man will – zubereiten kann.
Und wenn das Kind am Abend mal alleine isst, dann kommt mit dem Überraschungsteller garantiert keine Langeweile auf.

Abendessen für die ganze Familie

In vielen Familien gibt es einen Fixpunkt: das Abendessen, bei dem sich alle treffen und die Tagesereignisse in Ruhe bereden können (kann am Wochenende natürlich genauso gut am Mittag stattfinden).
Und damit's auch Papa schmeckt (Tschuldigung, aber Väter sind erfahrungsgemäß geschmacklich nicht die Einfachsten ...), gibt es bei diesen Rezepten überdurchschnittlich viel Fleisch (und das ist ja auch gesund!).

Hähnchen-Gyros mit Joghurt-Dip und Bauernsalat

Knusperfleisch plus Frische-Kick

Für 2 große und 2 kleine Portionen
400 g Hähnchenbrust-Filet
2 Knoblauchzehen
1 EL Oregano (getrocknet)
4 EL Olivenöl
Salz, Pfeffer
300 g cremiger Mager-Joghurt
4 EL Zitronensaft
1 Salatgurke
1 gelbe Paprikaschote
3–4 Tomaten
3 Frühlingszwiebeln
1 EL Rotweinessig
2 EL Sonnenblumenöl
Pita-Brot (frisch oder zum Aufbacken im Toaster)

- Fleisch waschen, mit Küchenpapier trockentupfen und in feine Streifen schneiden. Knoblauchzehen schälen, in feine Scheiben schneiden.
- Fleisch mit Knoblauchscheiben, Oregano, 3 EL Olivenöl, Salz und Pfeffer in einer Schüssel gut vermischen.
- Joghurt mit 3 EL Zitronensaft in einer kleinen Schüssel vermischen, mit Salz abschmecken.
- Gemüse waschen. Gurke längs halbieren und die Kerne mit einem Löffel entfernen, quer in nicht zu dünne Scheiben schneiden. Paprikaschote putzen und in Streifen, Tomaten entkernen und in Spalten schneiden. Frühlingszwiebeln putzen und in feine Ringe schneiden.
- Alles in einer Salatschüssel mit einem Dressing aus 1 EL Olivenöl, 1 EL Zitronensaft, Rotweinessig und Sonnenblumenöl vermischen, mit Salz und Pfeffer abschmecken.
- Marinierte Hähnchenstreifen in einer großen Pfanne ohne Fett erhitzen und diese darin bei mittlerer bis starker Hitze unter Rühren 5–6 Minuten braten, bis sie hellbraun und knusprig sind.
- Hähnchen-Gyros mit Joghurt-Dip, Bauernsalat und Pita-Brot servieren.

Der Trick: Knusprig gebratene Hähnchenstreifen mögen die Kids genauso gern wie Papa: Geflügel ist leicht verdaulich, fettarm, enthält wertvolles Eiweiß und viele B-Vitamine. Super dazu: kalziumreicher Dip und bunter Vitamin-Salat!

World Wide Schnitzel

Für manche könnt's die täglich geben ...

Für 2 kleine und 2 große Esser (3 Variationen)
4 dünne Kalbsschnitzel (à ca. 100 g, vom Metzger auf der Maschine schneiden lassen), ersatzweise Schweine- oder Putenschnitzel

Für Schnitzel „Vienna":
Salz, Pfeffer, Paprikapulver (edelsüß)
3 EL Mehl
1 Ei (M)
6 EL Paniermehl
2 EL Butter
2 EL Sonnenblumenöl
Zitronenspalten

Für Schnitzel „Budapest":
Salz, Pfeffer
1 EL Butter
1 EL Sonnenblumenöl
200 ml Sahne
50 ml Gemüsebrühe (Instant)
2 EL Ajvar (Paprikazubereitung, aus dem Glas)
1 EL Zitronensaft

Für Schnitzel „Palermo":
2 Zitronen
Salz, Pfeffer
2 EL Mehl
1 EL Butter
1 EL Olivenöl
200 ml Gemüsebrühe (Instant)
Zucker

- Kalbsschnitzel waschen, mit Küchenpapier trockentupfen. Eventuell vorhandene Fettränder entfernen, Schnitzel quer halbieren.
- Für das Wiener Schnitzel Fleisch von beiden Seiten salzen, pfeffern und mit etwas Paprikapulver bestäuben. Mehl auf einen Teller geben, Schnitzel darin wenden. Ei mit etwas Salz und Pfeffer in einem tiefen Teller verrühren, Paniermehl auf einen flachen Teller geben. Schnitzel zuerst in Ei, dann in Paniermehl wenden. Butter und Sonnenblumenöl in einer großen Pfanne erhitzen, Schnitzel darin in 6–8 Minuten goldbraun braten, einmal wenden. Schnitzel „Vienna" mit Zitronenspalten anrichten. Dazu schmeckt z.B. Kartoffelsalat (Rezept Seite 117).
- Für das Schnitzel „Budapest" das Fleisch von beiden Seiten salzen und pfeffern. Butter und Öl in einer großen Pfanne erhitzen, Fleisch darin von beiden Seiten 1–2 Minuten hellbraun anbraten. Herausnehmen und in Alufolie wickeln. Sahne und Gemüsebrühe in die Pfanne geben, Ajvar untermischen, mit Salz, Pfeffer und Zitronensaft abschmecken. Fleisch wieder zugeben, alles 5–6 Minuten bei mittlerer Hitze köcheln lassen. Dazu passen Nudeln, Spätzle oder Kartoffelbrei (Rezept Seite 72).
- Für das Schnitzel „Palermo" die Schnitzel mit dem Saft von 1 Zitrone in einer Schüssel mindestens 15 Minuten ziehen lassen. Herausnehmen, mit Küchenpapier trockentupfen, salzen, pfeffern und mit Mehl bestäuben. Butter und Olivenöl in einer großen Pfanne erhitzen, Schnitzel darin von jeder Seite 2–3 Minuten hellbraun braten. Gemüsebrühe und 2–3 EL Zitronensaft zugeben, Bratsatz lösen, alles mit Salz, Pfeffer und 1–2 Prisen Zucker würzen. Soße 4–5 Minuten bei mittlerer Hitze einkochen lassen, nochmals mit Zitronensaft, Salz und Pfeffer abschmecken. Besonders lecker mit Kartoffel-Fritters (Rezept Seite 71).

Der Trick: Ob in knuspriger Hülle, sahniger Paprikasoße oder echt italienischer Zitronensoße – hier findet jedes Familienmitglied seinen Favoriten! Und ganz nebenbei kommen wertvolles Eisen und B-Vitamine ins Kind.

Blitz-Paella

Spanisch kochen leicht gemacht

Für 2 kleine und 2 große Esser
1 Zwiebel
1 Knoblauchzehe
200 g Hähnchenbrustfilet
1 EL Olivenöl
250 g Schnellkoch-Reis (parboiled)
400 ml Gemüsebrühe (Instant)
1 Tütchen Safran (gemahlen)
100 g geröstete rote Paprika (aus dem Glas)
100 g Erbsen (aus der Tiefkühltruhe)
2 EL Ajvar (Paprikazubereitung, aus dem Glas)
Salz, Pfeffer
2 Zitronen
8 Cocktail-Garnelen (ca. 120 g, frisch oder tiefgekühlt)
Zitronenspalten

- Zwiebel und Knoblauch schälen und fein hacken.
- Hähnchenbrustfilet waschen, mit Küchenpapier trockentupfen, in ca. 3 cm große Stücke schneiden.
- Olivenöl in einer beschichteten Pfanne erhitzen, Zwiebel, Knoblauch und Fleischstückchen darin unter Rühren anbraten.
- Schnellkoch-Reis zugeben, Gemüsebrühe angießen, Safran unterrühren, alles gut vermischen.
- Geröstete Paprikaschoten in Streifen schneiden. Ca. 80 g Paprikastreifen, tiefgekühlte Erbsen und Ajvar zum Reis geben, alles gründlich vermischen, etwas salzen und pfeffern, bei mittlerer Hitze 8–10 Minuten köcheln lassen, mehrmals umrühren.
- 1 Zitrone auspressen, den Saft zugeben, alles gut vermischen.
- Cocktail-Garnelen waschen und mit Küchenpapier trockentupfen. Reis glatt streichen, Garnelen und restliche Paprikastreifen als Ring auf der Paella verteilen. Zugedeckt bei kleiner Hitze noch 4–5 Minuten ziehen lassen. Restliche Zitrone waschen, in Spalten schneiden und die Paella damit anrichten.

Fürs Selberrösten halbierte, geputzte Paprikaschoten im Backofen bei 200° braten, bis die Haut braun wird und Blasen wirft. Aus dem Ofen nehmen, mit einem nassen Küchentuch abdecken und abkühlen lassen. Haut abziehen.

Der Trick: Die Mittelmeer-Mischung bringt's: Sättigender Reis mit Bioaktivstoffen aus buntem Gemüse und magerem Eiweiß von Hähnchen und Garnelen.

Hat's geschmeckt? fragt Harry Bär
„Unsere Kinder haben uns gnädig ein paar Garnelen übrig gelassen, ansonsten waren die Teller blitzeblank leer gegessen."
Lothar, Vater von Niklas, Tristan und Lilith, Software-Entwickler

Würstl con Krauti

So richtig schön deftig

Für 2 kleine und 2 große Esser
1 Zwiebel
1 EL Sonnenblumenöl
400 g frisches Sauerkraut (ersatzweise aus der Dose)
350 ml Gemüsebrühe (Instant)
1 Lorbeerblatt
4 Wacholderbeeren
Salz, Pfeffer
Würstchen nach Geschmack (z.B. Nürnberger Bratwürstchen, Puten-Wienerwürstchen etc.)

- Zwiebel schälen und fein hacken. Öl in einem Topf erhitzen, Zwiebel darin unter Rühren andünsten.
- Sauerkraut (bei Dosen-Sauerkraut ohne Saft) zugeben und die Gemüsebrühe angießen. Lorbeerblatt und Wacholderbeeren untermischen, mit Salz und Pfeffer würzen, bei kleiner Hitze ca. 20 Minuten köcheln lassen.
- Würstchen nach Geschmack braten oder in heißem Wasser ziehen lassen.
- Kraut mit Würstchen, nach Belieben mit Brötchen, Brezeln oder Kartoffelbrei (Rezept Seite 72) anrichten.

Der Trick: In frischem (!) Sauerkraut (Reformhaus, Wochenmarkt) kommen lebende Milchsäurebakterien vor, die probiotisch wirken – sie stärken die Darmflora und damit das Immunsystem (das Sterilisieren in der Konserve überleben die kleinen Nützlinge leider nicht). Eine Sauerkraut-Besonderheit: Vitamin B 12, das sonst nur in tierischen Lebensmitteln vorkommt. Vitamin B 12 ist Bestandteil von Enzymen und wichtig für Blutbildung und Wachstum! Lassen Sie Ihr Kind frisches Sauerkraut auch mal roh probieren – es gibt genug Kids, denen das prima schmeckt!

Chicken-Wings

Krosse Knabberware

Für 2 kleine und 2 große Esser

800 g Chicken Wings (Hähnchenflügel, ungewürzt, gibt's abgepackt im Fleischregal)
4 EL Mamas Ketchup (Rezept Seite 57)
10 EL Zitronensaft
10 EL Orangensaft
2 EL Sojasoße
1 Avocado
Salz, Pfeffer
4 Tomaten
4 EL Frühlingszwiebelringe
1 Dose Bio-Mais (285 g Abtropfgewicht)
100 g rotes Paprikafruchtfleisch (geschält)
1 EL Apfelessig
1 EL Sonnenblumenöl
Tortilla-Chips

- Backofen auf 200° vorheizen. Hähnchenflügel waschen und mit Küchenpapier trockentupfen. 3 EL Mamas Ketchup mit 2 EL Zitronensaft, 2 EL Orangensaft und Sojasoße vermischen. Hähnchenflügel zugeben, alles gut vermischen.
- Chicken Wings in eine ofenfeste Form legen, im Ofen auf der mittleren Schiene in 20–25 Minuten goldbraun braten.
- Avocado halbieren, Kern entfernen. Hälften schälen und grob würfeln, mit je 3 EL Orangen- und Zitronensaft fein pürieren und mit Salz und Pfeffer abschmecken.
- Tomaten waschen, putzen, entkernen und das Fruchtfleisch fein würfeln. Mit 2 EL Frühlingszwiebelringen, je 2 EL Orangen- und Zitronensaft und 1 EL Mamas Ketchup vermischen, mit Salz und Pfeffer abschmecken.
- Mais in ein Sieb abgießen und abtropfen lassen. Paprikafruchtfleisch fein würfeln. Mais und Paprika mit restlichen Frühlingszwiebeln, je 3 EL Orangen- und Zitronensaft, Apfelessig und Öl vermischen, mit Salz und Pfeffer würzen.
- Chicken Wings mit Avocado-Dip, Tomaten-Dip, Maissalat und Tortilla Chips servieren.

Der Trick: Hier werden die beliebten, würzigen Flügelchen mit Gemüse-Zubehör aufgepeppt.

- Gemüsebrühe angießen, Basilikum und Kapern unterrühren, mit Salz, Pfeffer, Balsamico-Essig und Zitronensaft würzen. Soße bei kleiner Hitze 12–15 Minuten köcheln lassen.
- Spaghetti nach Packungsanweisung in reichlich kochendem Salzwasser garen, in ein Sieb abgießen und abtropfen lassen.
- Parmesan unter die Soße rühren und nochmals abschmecken. Spaghetti mit der Soße anrichten.

Der Trick: Genau das Richtige, wenn Kids noch nicht mal Fischstäbchen essen wollen. Wenn man's nicht extra erwähnt, merken die meisten gar nicht, dass Fisch in der Soße ist! Tunfisch hat die guten Omega-3-Fettsäuren – unentbehrlich für Wachstum und Entwicklung. Und für notorische „Kapern-Puler" werden die würzigen Knospen einfach unauffällig vor dem Servieren entfernt.

Insel-Pasta

Robinsons Lieblingsessen mit viel gesundem Fisch

Für 2 kleine und 2 große Esser
3 Frühlingszwiebeln
1 Knoblauchzehe
1 große Dose Tunfisch (im eigenen Saft, 120 g Abtropfgewicht)
1 EL Olivenöl
1 kleine Dose geschälte Tomaten (240 g Abtropfgewicht)
100 ml Gemüsebrühe (Instant)
2 EL Basilikumblättchen (gehackt)
2 EL Kapern (aus dem Glas)
Salz, Pfeffer
1 EL Balsamico-Essig
1 EL Zitronensaft
400 g Spaghetti
2 EL geriebener Parmesan

- Frühlingszwiebeln putzen, waschen, quer in feine Ringe schneiden. Knoblauchzehe schälen und fein hacken. Tunfisch in einem Sieb abtropfen lassen.
- Olivenöl in einem Topf erhitzen, Zwiebeln und Knoblauch darin andünsten.
- Tomaten und Tunfisch zugeben, mit einer Gabel leicht zerdrücken.

Racletti completti

Für Kartoffel-Käse-Freaks

Für 2 kleine und 2 große Esser
600 g neue Kartoffeln
200 g cremiger Magerjoghurt
3 EL Zitronensaft
Salz
1 große Salatgurke
2 EL Apfelessig
4 EL Sonnenblumenöl
Pfeffer
2 rote Paprikaschoten
2 EL Balsamico-Essig
300 g Raclette-Käse (in Scheiben)

- Kartoffeln mit Schale knapp gar kochen. Backofen auf 200° vorheizen. Kartoffeln einzeln in Alufolie wickeln, in eine ofenfeste Form setzen und im vorgeheizten Ofen auf der mittleren Schiene 12–15 Minuten backen.
- Joghurt mit Zitronensaft vermischen, mit Salz abschmecken.
- Gurke waschen und auf dem Gemüsehobel quer in feine Scheibchen schneiden. Mit Apfelessig und 2 EL Öl vermischen, mit Salz und Pfeffer abschmecken.

- Paprika waschen, putzen und vierteln. Paprikaviertel quer in feine Streifen schneiden, mit Balsamico-Essig und restlichem Öl vermischen, mit Salz und Pfeffer würzen.
- Vom Raclette-Käse die Rinde entfernen. Käse in Streifen schneiden und auf 4 kleine, ofenfeste Förmchen verteilen.
- Käse-Förmchen am Ende der Kartoffel-Garzeit für 3–4 Minuten mit in den Ofen schieben (am besten in 2 Portionen – der Käse wird schnell wieder fest).
- Ofenkartoffeln mit Raclette-Käse, Joghurt-Dip, Gurken- und Paprikasalat servieren.

Damit's ganz schnell geht, können die Kids mithelfen: Motivierte „Dip-Rührer", schnelle „Kartoffeln-in-Alufolie-Wickler" und rasante „Gurken-Schneider" können nämlich eine echte Hilfe sein!

Der Trick: „Komplexe" Kohlenhydrate aus den Kartoffeln sind – ganz im Sinne von Ernährungsfachleuten – die Basis dieses Essens. Raclette-Käse mit reichlich Kalzium, Vitamin A und B 2 und Paprika mit Spitzenwerten an Vitamin C und Carotinoiden machen das Racletti aber erst completti!

Mittelmeer-Braten

Einfach immer der Nase nach ...

Für 2 kleine und 2 große Esser
400 g Schweinefilet
4 EL Olivenöl
2 Knoblauchzehen
je 1 TL Rosmarin, Thymian und Salbei (getrocknet)
Salz, Pfeffer
40 g Frühstücksspeck (in Scheiben)
2 feste rote Paprikaschoten
400 g kleine Kartoffeln
3 weiße Zwiebeln
3–4 Tomaten
Zitronenspalten

- Schweinefilet waschen und mit Küchenpapier trockentupfen.
- Olivenöl mit gepresstem Knoblauch, Kräutern, Salz und Pfeffer vermischen.
- Backofen auf 200° vorheizen. Filet mit der Hälfte der Ölmischung bestreichen, in die Mitte einer großen, ofenfesten Form setzen und scheibenweise mit Frühstücksspeck belegen.
- Paprika putzen, mit einem scharfen Messer dünn schälen, Fruchtfleisch in 3–4 cm große Stücke schneiden. Kartoffeln und Zwiebeln schälen und in Spalten schneiden.
- Tomaten kreuzweise einritzen, überbrühen, kurz ziehen lassen und die Haut abziehen. Tomaten vierteln und die Kerne entfernen.
- Gemüse rund um das Filet verteilen, mit der restlichen Ölmischung beträufeln, leicht salzen und pfeffern. Im vorgeheizten Ofen auf der mittleren Schiene 25–30 Minuten garen.
- Form aus dem Ofen nehmen, Fleisch in Scheiben schneiden (für die Kids die Speckscheiben entfernen) und mit Zitronenspalten servieren.

Der Trick: Auch die Kinder zieht der köstliche Geruch von Rosmarin, Thymian und Salbei sofort an: Die mediterranen Kräuter duften und schmecken nicht nur gut, sie sind auch appetitanregend und wirken antibakteriell. Das zarte Fleisch vom Schwein hat einen Spitzen-Vitamin B 1-Gehalt und enthält Zink, Selen und Eisen.

Überraschung auf dem Teller
Mama macht Diät, Papa arbeitet länger – nur Kind hat Hunger. Hier hilft der Überraschungsteller, das besondere Angebot für junge Alleinesser ....

Indianer-Teller

Winnetou auf dem Schlemmerpfad

Für 1 Kind
2 Mini-Babybel-Käse
ca. 20 Salzstangen
2 Schnittlauchhalme
10 g Putenleberwurst
rotes und gelbes Paprikafruchtfleisch
1 kleiner Plätzchenausstecher (Pferd)
1 Scheibe Vollkorntoast
2 EL Frischkäse
1 TL Zitronensaft
1 TL Orangensaft
Salz
1 Möhre

- Mini-Käse aus der Verpackung nehmen. Für die „Indianer-Zelte“ in jeden Käse rundherum ca. 10 Salzstangen stecken und oben mit einem Schnittlauchhalm zusammenbinden. Zelte auf einen großen Teller setzen.
- Putenleberwurst als Klecks in die Tellermitte geben. Aus rotem Paprikafruchtfleisch feine, 5–6 cm lange Streifen schneiden und so auf der Putenleberwurst anrichten, dass ein „Lagerfeuer“ entsteht.
- Aus gelbem Paprikafruchtfleisch mit dem Ausstecher kleine „Pferdchen“ ausstechen.
- Vollkorntoast leicht rösten, Rand entfernen. Mit einem Teigroller etwas flach rollen, zwei Kreise (ca. 5 cm Durchmesser) ausstechen, Toastkreise in kleine Schälchen oder Eierbecher hineindrücken, sodass „Futternäpfe“ entstehen.
- Frischkäse mit Zitronen- und Orangensaft verrühren, mit Salz abschmecken.
- Toastfutternäpfe aus dem Becher nehmen und mit restlichem Frischkäse füllen. Möhre schälen und raspeln, Möhrenraspel auf dem Frischkäse anrichten, Paprikapferdchen dazustellen.

Der Trick: Natürlich kann man nicht jeden Tag so einen Aufwand für einen Brotzeit-Teller betreiben. Die Elemente können aber auch einzeln verwendet werden – und bei Mäkel-Kindern kann gerade der Spiel-Effekt den Appetit anregen!

Tief im Wald-Teller

Zwergengarten zum Aufessen

Für 1 Kind
2 EL Frischkäse
1 EL Zitronensaft
Salz
3 Scheiben Vollkorntoast
1 Scheibe Putenschinken
2 EL gemahlene Haselnüsse
20 g Putenleberwurst
1 Mini-Babybel-Käse
6–8 Salzstangen
rotes, gelbes oder grünes Paprikafruchtfleisch
30 g junger Gouda (am Stück)
2 Kirschtomaten

- Frischkäse mit Zitronensaft und Salz abschmecken.
- Vollkorntoast leicht rösten, Rand entfernen. 1 Toastscheibe mit einem Teigroller flachrollen, mit 1/2 EL Frischkäse bestreichen, mit Schinken belegen, der Länge nach aufrollen. Rolle rundherum mit 1/2 EL Frischkäse bestreichen, in den Haselnüssen wälzen, halbieren, auf einem Teller anrichten.

- Putenleberwurst als Klecks auf den Teller setzen, restliche Toastscheiben in 2 ca. 5 cm große Quadrate schneiden, schräg gegeneinander wie ein Dach in die Wurst stecken.
- In einen kleinen Gefrierbeutel 1 EL Frischkäse geben, eine kleine Ecke abschneiden und mit dem Frischkäse „Dachziegel" auf das Häuschen „malen", etwas Frischkäse aufheben.
- Für kleine „Igel" Mini-Babybel-Käse aus der Verpackung nehmen, Salzstangen in ca. 2 cm große Stücke brechen, in den Käse stecken.
- Aus Paprikaschotenfruchtfleisch Tannenbäumchen ausstechen, mit kleinen Frischkäse-Klecksen auf den Teller kleben.
- Gouda in 2 gleich große Dreiecke schneiden. Von den Tomaten den unteren Teil wie einen Deckel abschneiden, Kerne mit einem kleinen Löffel entfernen. Tomaten als „Hüte" auf die Käse-Dreiecke setzen, mit dem restlichen Frischkäse aus dem Gefrierbeutel kleine weiße „Fliegenpilz"-Punkte auf die Tomaten setzen. Käse-Fliegenpilze ebenfalls auf dem Teller anrichten.

Der Trick: Spielteller aus Powerfood – denn hier ist wirklich von allem was drin: Vollkorn und mageres Eiweiß, Nüsse und Gemüse. Ein Fantasie-Essen, das ein bisschen Zeit in Anspruch nimmt!

Puppen-Teller

Für hungrige Puppen-Mamas und -Papas

Für 1 Kind
1 Scheibe dunkles Vollkornbrot
1 1/2 EL Frischkäse
1 Scheibe Butterkäse
1 Scheibe Vollkorntoast
1 Scheibe Putenschinken
2 Alu-Pralinenförmchen (gibt's im Supermarkt)
10 g Putenleberwurst
4 Sesam-Fischli (Knabbergebäck, Fertigprodukt)
rotes und grünes Paprikafruchtfleisch
kleine Plätzchenausstecher (Herzchen, Sterne, Monde)

- Vom Vollkornbrot den Rand entfernen. Brot mit 1/2 EL Frischkäse bestreichen, mit Butterkäse belegen, halbieren, zusammenklappen, in 2–3 cm große Würfel schneiden.
- Toast leicht rösten und den Rand entfernen. Toast mit 1/2 EL Frischkäse bestreichen und mit Schinken belegen, sodass nichts übersteht. Toast diagonal halbieren und zusammenklappen, in ca. 2–3 cm große Dreiecke schneiden.
- 1 Pralinenförmchen mit Putenleberwurst, das zweite mit 1/2 EL Frischkäse füllen. Auf jedes Förmchen 2 Fischli setzen.
- Aus Paprikafruchtfleisch Herzchen, Sterne, Monde etc. ausstechen, auf den Broten verteilen. Alles auf einem Puppengeschirr-Teller anrichten.

Desserts: schön süß – ohne Zucker!

Für die süße Emma und den süßen Augustin gibt's hier schnelle und unkomplizierte Nachspeisen mit dem Doppel-Plus: so gesund wie nötig und so lecker wie möglich!

Süße Ampel

Bei Rot bleib stehen, bei Grün darfst du gehen!

Für 4 Teller
200 g Mascarpone
2 EL flüssiger Honig
2 EL Orangensaft
je 100 g Himbeer-, Mango- und Kiwifruchtfleisch
Birnendicksaft

- Mascarpone mit Honig und Orangensaft gründlich vermischen, in einen Gefrierbeutel füllen, eine kleine Ecke abschneiden, auf jeden Teller übereinander 3 Kreise spritzen.
- Jedes Fruchtfleisch einzeln pürieren. Himbeer- und Kiwipüree (wegen der Kerne) durch ein feines Sieb streichen. Furchtpürees je nach Süße der Früchte mit Birnendicksaft abschmecken.
- Mascarponekreise mit den Fruchtpürees wie eine Ampel, rot, gelb und grün, füllen.

Der Trick: Gut geeignet für Kinder, die Obst in Stücken nicht mögen! Für übergewichtige Kinder: Mascarpone durch 20 %-igen Speisequark ersetzen.

Blitz-Schokomousse

Die zarteste Versuchung …

Für 2 kleine und 2 große Esser
50 g dunkle Schokolade (66 % Kakao-Anteil)
200 ml Sahne
2 große Orangen

- Schokolade in einer kleinen Metallschüssel im heißen Wasserbad schmelzen lassen.
- Sahne steif schlagen, geschmolzene, etwas abgekühlte Schokolade gründlich unter die Sahne mischen.
- Orangen mit einem scharfen Messer rundherum so schälen, dass die weiße Schale mit entfernt wird. Über einer Schüssel Fruchtfilets herausschneiden, Saft auffangen.
- Schokomousse mit Orangenfilets und -saft anrichten.

Der Trick: Schokomousse ganz ohne Sperenzchen – die dunkle Schokolade hat einen hohen Kakao-Anteil und schmeckt zusammen mit der Sahne so köstlich, dass kein zusätzlicher Zucker nötig ist.

Joghurt-Eis „Rapido“

Das schnellste Eis der Stadt

Für 2 kleine und 2 große Esser
100 g Waldbeerenmischung (aus der Tiefkühltruhe)
150 g cremiger Magerjoghurt
2–3 EL Birnendicksaft
frische Beeren

- Tiefgekühlten Beeren-Mix nicht auftauen lassen, sondern gleich aus der Tiefkühltruhe mit Joghurt und Birnendicksaft im elektrischen Zerkleinerer fein pürieren.
- Nach Belieben mit frischen Beeren anrichten.

Der Trick: Ein echt „cooler“ Nachtisch, den Kinder mit etwas elterlicher Assistenz sogar selber machen können!

Orangina

Köstliches Fruchteis im Naturschälchen

Für 4 Portionen
4 schöne, süße Orangen (unbehandelt)
Birnendicksaft
Zitronensaft

- Orangen heiß waschen, mit Küchenpapier trockenreiben, quer halbieren und vorsichtig auspressen.
- Ausgepresste Orangenhälften mit einem Löffel aushöhlen, sodass restliches Fruchtfleisch und weiße Haut entfernt werden. 4 Orangenhälften in den Tiefkühler stellen.
- Orangensaft (ca. 400 ml) durch ein Sieb gießen, mit Birnendicksaft und Zitronensaft vermischen (je nach Süße der Früchte ca. 2 EL Birnendicksaft und 1 EL Zitronensaft pro 100 ml unterrühren).
- Orangenmischung in einer Metallschüssel im Tiefkühler in 2–3 Stunden fest werden lassen, dabei mehrmals mit einer Gabel durchrühren.
- Orangina zum Servieren nochmals durchrühren und in die gefrorenen Orangenschalen füllen.

Der Trick: Dieses Fruchteis ist gesund, ohne Zucker – und schmeckt superlecker und erfrischend!

Wenn das Kind krank ist …

… machen sich Eltern Sorgen – deshalb möchten wir uns hier als Erste-Hilfe-Assistenten nützlich machen:

Einmal mit medizinischen und ernährungswissenschaftlichen Basics rund um die wohl am häufigsten auftretenden gesundheitlichen Probleme bei Kindern – von Schnupfen über Durchfall bis Übergewicht. Und natürlich mit unseren Spezial-Rezepten! Damit kann man zwar nicht im Handumdrehen wieder putzmunter werden, und den Besuch beim Kinderarzt können sie nicht ersetzen. Aber: Sie helfen dabei, die Abwehrkräfte zu stärken und das Gesundwerden zu beschleunigen.

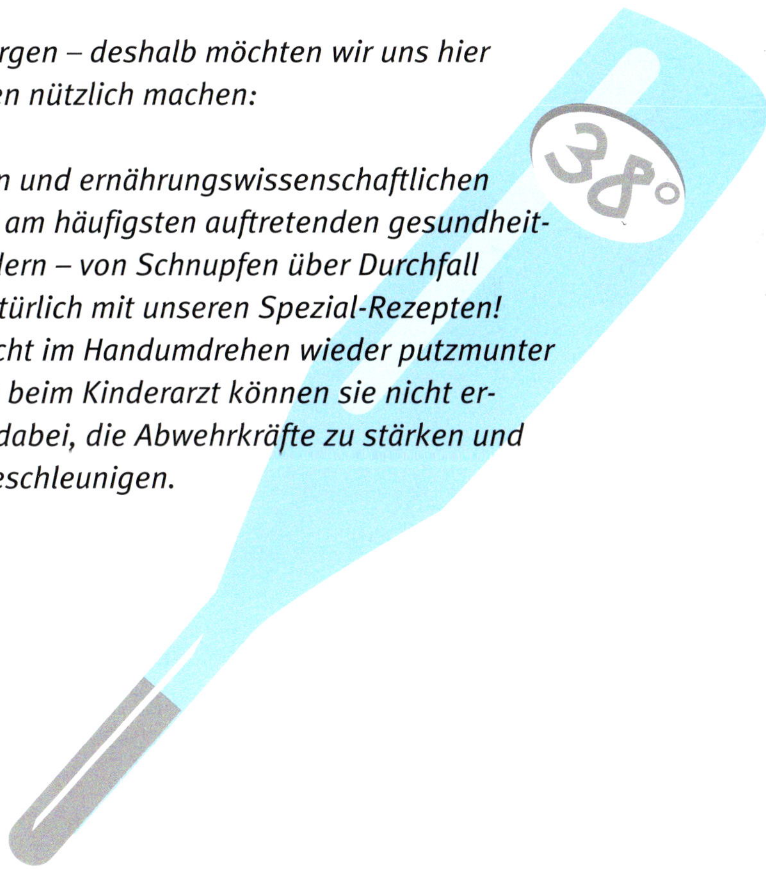

Wenn das Kind Husten und Schnupfen hat

„Liebe Eltern! Es ist Schnupfenzeit, und unser Papiertaschentuch-Vorrat geht zu Ende. Wir bitten um Nachschub!" Solche oder ähnliche Aufrufe sieht man im Winter an vielen Kindergarten-Infobrettern, denn gerade die Kleinsten erwischt es am schnellsten.

Der Grund: Nicht nur die Kinder, sondern auch ihre Abwehrkräfte befinden sich noch im Wachstum – und viele kleine Infekte sind sogar ein echtes Trainingsprogramm für das jugendliche Immunsystem. Kinder können bis zu sechsmal im Jahr eine Erkältung bekommen, ohne dass man sich deshalb Sorgen machen muss!

Wie kommt es eigentlich zu einer Erkältung?

Mit jedem Niesen oder Naseputzen gelangen unzählige krank machende Erkältungs-Viren an Spielsachen, Löffel, Tassen – also alles, was Kinder eben anfassen – und von dort über die Hände auch in den Nasen-Rachen-Raum.
Schafft es das Immunsystem nicht, die Eindringlinge zu stoppen, beginnen etwa zwei bis fünf Tage nach der Ansteckung die Symptome: Der Hals kratzt, die Nase läuft, das Kind fühlt sich meist müde und schlapp und ist quengelig. Wenn sich die Viren weiter ausbreiten – was allerdings nicht immer der Fall ist –, kann die Infektion auch auf die Bronchien übergreifen und zu oft quälendem Husten führen.
Das Problem mit den Erkältungs-Viren: Sind sie erst einmal im Körper, kann man sie nicht mehr wirklich bekämpfen – man kann nur noch die Krankheitssymptome lindern.

Was tun?

- **Erst einmal ein paar Tage Schongang einlegen!** Kein Kindergarten, keine Schule, kein Sport! Alles schön ruhig angehen und Ihr Kind möglichst viel ausruhen und schlafen lassen. Hat es kein Fieber (oder ist zwei Tage wieder fieberfrei), kann es meist nach zwei bis drei Ruhetagen wieder mit dem Alltagsprogramm durchstarten.

- **Geben Sie dem Kind jetzt besonders viel zu trinken.** So verflüssigt sich der zähe Schleim. Fiebernde Kinder verlieren außerdem viel Wasser und Mineralsalze – mit leicht gesüßten Tees und stark verdünnten Fruchtsäften lässt sich der Flüssigkeitsverlust ausgleichen.

- **Lassen Sie das Kind mit Salzwasser inhalieren** – aber bitte nicht zu heiß! Auch gut: Meersalznasentropfen zum Abschwellen und Befeuchten der Nasenschleimhaut.

- **Geben Sie Ihrem Kind gerade jetzt Vitalstoffe** – Essen, das eine Extra-Portion der die Abwehr stärkenden Vitamine A, C und E enthält. Mit Essen kann man zwar Erkältungen nicht heilen, aber dem Körper dabei helfen, den Infekt schneller zu bekämpfen. Deshalb haben wir auf den beiden folgenden Seiten Rezepte entwickelt, die besonders viele, das Immunsystem stärkende Vitalstoffe enthalten.

- **Wir wünschen gute Besserung!**

SOS – BITTE ZUM ARZT!

Wenn das Kind
- *Fieber über 39,5° C hat,*
- *mehr als 24 Stunden lang fiebert,*
- *nichts mehr essen und trinken will,*
- *zu Komplikationen wie Mittelohr-Entzündung oder Nasennebenhöhlen-Entzündung neigt,*
- *öfter als sechsmal pro Jahr erkältet ist.*

Und so kann man Erkältungen vorbeugen:

- Gehen Sie mit Ihren Kindern jeden Tag raus an die frische Luft – auch bei schlechtem Wetter und im Winter. So trainieren die Kids ihre Temperaturanpassung und härten sich spielend ab!

- Bitte achten Sie darauf, dass Ihre Kinder genügend Schlaf bekommen! Kinder zwischen fünf und acht sollten ca. zehn Stunden schlafen.

- Sorgen Sie zu Hause für ein gesundes Raumklima: mehrmals täglich lüften, nicht in der Wohnung rauchen und auf ausreichende Luftfeuchtigkeit achten (Wasserbehälter an Heizungen hängen). Trockene Schleimhäute erhöhen die Infektanfälligkeit!

Ideal zum Vorbeugen in Erkältungszeiten

Starker Saft

- Für 1 Glas 1 Orange und 1 Mandarine auspressen (ergibt ca. 100 ml), Saft durch ein Sieb in ein Glas gießen, mit 1 EL Acerolasaft vermischen.

- Die Blitz-Variante: 100 ml Kindersaft (aus dem Reformhaus oder Bioladen) oder Baby-Saft in ein Glas geben und mit 1 EL Acerolasaft vermischen.

Der Trick: Zitrusfrüchte plus Acerola – dieser Mix hat so richtig viel natürliches Vitamin C – und hilft, schneller mit Erkältungskrankheiten fertig zu werden. Das Tolle am Acerolasaft: Trotz Spitzengehalten an Vitamin C schmeckt er nur leicht säuerlich.
Unbedingt nach dem Öffnen im Kühlschrank aufbewahren, dort behält er seine Vitamin-C-Power.

Die Fitmacher

Die Nase läuft, der Husten bellt – und unser krankes Kind will eigentlich gar nichts essen! Wäre aber besser, denn gezielter Vitamin-Input hilft dabei, wieder schnell auf die Beine und raus aus dem Bett zu kommen …

Sanfte Suppe

Ein kleiner Trost für den geplagten Hals …

Für 4 Portionen
1 Zwiebel
1 Knoblauchzehe
1 EL Butter
300 g Möhren
400 ml Gemüsebrühe (Instant)
100 ml Sahne
Salz, Pfeffer, Muskatnuss (frisch gerieben)
1 EL Weizenkeime
1 EL Acerolasaft
1 EL Zitronensaft
1 EL Orangensaft

- Zwiebel und Knoblauch schälen und fein hacken. Butter in einem Topf erhitzen, beides darin unter Rühren andünsten.
- Möhren schälen, fein hobeln, in den Topf geben und kurz mitdünsten.
- Gemüsebrühe und Sahne zugießen, ca. 15 Minuten köcheln lassen, mit Salz, Pfeffer und Muskatnuss würzen.
- Weizenkeime zugeben und die Suppe fein pürieren. Acerola-, Zitronen- und Orangensaft unterrühren und nochmals abschmecken.

Der Trick: Ideales Power-Package aus den Immunschutz-Vitaminen A, C und E. Vitamin A schützt Haut und Schleimhäute, Vitamin C stärkt die Immunabwehr und Vitamin E die Zellwände.

Omas Beste

Tut richtig gut!

Für ca. 1,5 l Hühnerbrühe
500 g Hähnchenbrust (mit Knochen)
1 Stange Lauch (ca. 250 g)
1 kleine Möhre
1 Stange Sellerie
1 Zwiebel
1 Knoblauchzehe
1 Hand voll Petersilienblättchen
1 Stück Zitronenschale (unbehandelt, ca. 4 cm)
Salz, Pfeffer, Muskatnuss (frisch gerieben), Thymian (getrocknet)
3 Eier (M)

- Hähnchenbrust waschen, mit 2 l kaltem Wasser in einen großen Topf geben.
- Lauch putzen, waschen, grob hacken. Möhre schälen, in Scheiben schneiden. Stangensellerie putzen, in Stücke schneiden. Zwiebel schälen, grob würfeln. Knoblauch schälen.
- Gemüse mit Petersilie und Zitronenschale in den Topf geben. Alles einmal aufkochen lassen, etwas salzen und pfeffern, bei kleiner Hitze 1–2 Stunden köcheln lassen.
- Suppe durch ein Sieb in einen zweiten Topf abgießen, mit Salz, Pfeffer, Muskatnuss und etwas Thymian abschmecken.
- Eier mit Salz, Pfeffer und Muskatnuss in einer Schüssel verrühren, mit einer Gabel in die heiße Suppe einrühren und bei kleiner Hitze stocken lassen.

Der Trick: Omas Geheimrezept – denn sie wusste schon (ganz ohne wissenschaftlichen Background), dass Hühnersuppe bei Erkältung am besten hilft. Die Suppe fördert die Durchblutung der Schleimhäute und enthält außerdem hochwertiges Eiweiß, das der Körper zur Stärkung des Immunsystems dringend braucht. Bei Infektionen verliert man nämlich täglich im Durchschnitt 0,6 g Eiweiß pro Kilogramm Körpergewicht – das entspricht fast dem täglichen Eiweißbedarf eines Erwachsenen!

Grippe-weg-Pasta

Das Extra-Sugo zum Gesundwerden

Für 4 Portionen
1 Zwiebel
2 Knoblauchzehen
1/3 Stange Lauch
1 kleine Möhre
1 EL Olivenöl
300 g Tatar (oder mageres Rinderhackfleisch)
3 EL Tomatenmark
500 ml Gemüsebrühe (Instant)
500 g Tomaten
Salz, Pfeffer, Thymian (getrocknet)
1 EL Balsamico-Essig
4 EL Parmesan (gerieben)
400 g Pasta (z.B. Maccheroncini)

- Zwiebel und Knoblauch schälen, Lauch putzen und waschen, alles fein hacken. Möhre schälen und fein würfeln.
- Olivenöl in einer beschichteten Pfanne erhitzen, Gemüse zugeben und unter Rühren 2–3 Minuten andünsten.
- Tatar zugeben und unter Rühren 4–5 Minuten mitbraten. Tomatenmark und Gemüsebrühe unterrühren.
- Tomaten kreuzweise einritzen, in einer Schüssel mit heißem Wasser überbrühen und kurz ziehen lassen. Tomaten in ein Sieb geben, kalt abspülen und häuten, dann vierteln, entkernen, grob würfeln und zur Soße geben.
- Soße mit Salz, Pfeffer und 1–2 Prisen Thymian würzen und 8–10 Minuten weiter köcheln lassen.
- Balsamico-Essig und geriebenen Parmesan untermischen, nochmals abschmecken. Mit Pasta servieren.

Der Trick: Dieses Sugo ist ein echter Gesundmacher! Die sekundären Pflanzenstoffe Allicin und Quercetin aus Knoblauch, Zwiebeln und Lauch helfen bei Husten und Schnupfen. Tatar stärkt mit Inhaltsstoffen wie Zink, Vitamin B 6 und Pantothensäure das Immunsystem. Und das Antioxidans Lycopin aus Tomaten sorgt für zusätzlichen Zellschutz.

Wenn das Kind Bauchschmerzen hat

„Ich hab' so Bauchweh!" Das ist wohl eine der häufigsten Klagen, die Eltern von ihren Kids zu hören bekommen. Sensible Kinder reagieren schon „mit dem Bauch", wenn sie Angst vor der Schule oder Ärger mit den Freunden haben.

Die drei häufigsten nicht psychisch bedingten Ursachen für die Bauch-Rebellion sind: ein akuter Magen-Darm-Infekt, Lactose-Unverträglichkeit und chronische Verstopfung.

Der Magen-Darm-Infekt

... wird ausgelöst durch Viren und Bakterien. Die Kinder leiden unter heftigem Durchfall, oft müssen sie sich auch übergeben. Viele haben Fieber, sind schlapp, müde und appetitlos. Jetzt ist es besonders wichtig, den Verlust von Wasser und Salzen auszugleichen, damit der Körper nicht austrocknet und der Kreislauf stabil bleibt.

Was tun?

- **Lassen Sie das Kind ganz viel trinken** – am besten häufig und in kleinen Mengen. Am Anfang Traubenzuckerlösung: Dafür 4 TL Traubenzucker und 1/2 TL Salz in 1/2 l (abgekochtem) Wasser auflösen. In der Apotheke gibt es auch fertige Elektrolytlösungen.
- **Tee trinken:** Wenn es dem Kind besser geht, kann man ihm stark verdünnten, leicht gezuckerten schwarzen Tee geben, der den Kreislauf etwas anregt, außerdem Kräutertees und stilles Mineralwasser.

- **Beim Trinken unterstützen:** Wenn die Kinder sich noch schwach fühlen, können Sie die Flüssigkeit auch mit dem Löffel „füttern"oder mit einem Baby-Trinklernbecher.
- **Nicht zum Essen zwingen!** Wenn Kinder jetzt keinen Hunger haben, ist das eine ganz natürliche und sinnvolle Reaktion des Körpers: Ein unbelasteter Magen-Darm-Trakt kann sich besser gegen die Krankheitserreger wehren.
- **Wenn der Appetit wiederkommt,** schön langsam und schonend starten – zum Beispiel mit Apfel- und Bananenmus oder „Tut-gut-Suppe" (Rezept Seite 97).
- **Viren- und Bakterienangriffen vorbeugen:** Händewaschen vor dem Essen und nach der Toilette sollte zum Pflichtprogramm gehören. Magen-Darm-Infekte werden häufig durch Schmierinfektionen übertragen – und die lassen sich durch diese Hygiene-Basics minimieren.

SOS – BITTE ZUM ARZT!

Wenn das Kind

- *noch kein Jahr alt ist,*
- *sich häufig erbricht und benommen wirkt,*
- *schon länger als sechs Stunden Durchfall,*
- *Blut im Stuhl oder*
- *Erbrechen, Durchfall und Fieber hat.*

Die Lactose-Unverträglichkeit

... wird ausgelöst durch den Milchzucker Lactose. Der wird normalerweise bei der Verdauung im Dünndarm in seine Bestandteile zerlegt und ins Blut aufgenommen. Für das Zerlegen ist das Enzym Lactase zuständig. Fehlt dieses Enzym (das kann von Geburt an so sein oder sich im Laufe des Lebens entwickeln), gelangt der Milchzucker sozusagen „unverarbeitet" in den Dickdarm. Dort bauen ihn Darmbakterien ab, und es entstehen Produkte (zum Beispiel Kohlendioxid), die Bauchkoliken und Durchfall verursachen. Die Symptome treten immer direkt nach dem Milchtrinken auf. Lässt man die Milch weg, verschwinden auch die Beschwerden.

Was tun?

- Milch und alle Milchprodukte für ein paar Tage streichen – das gilt auch für Schafs-, Ziegen- und Stutenmilch.

- Da Milch viel wichtiges Kalzium enthält (für Knochen und Zähne), sorgen Sie für Ausgleich durch Sojaprodukte (siehe Einkaufen Seite 12 und Rezeptteil, z.B. auf Seite 96–97), kalziumreiche Mineralwassersorten, mit Kalzium angereicherte Fruchtsäfte und Hartkäse.

SOS – BITTE ZUM ARZT!

Wenn das Kind nach ein paar „milchfreien" Tagen keine Bauchschmerzen mehr hat: vom Arzt noch einmal mit speziellen Tests überprüfen lassen, ob eine wirkliche Lactose-Unverträglichkeit vorliegt.

Chronische Verstopfung

… klingt eigentlich nicht nach einem üblichen „Kinderproblem", ist es aber: Gerade kleine Kinder leiden häufig unter Verdauungsstörungen!
Ursache Nummer eins: die Ernährung – zum Beispiel durch zu wenige Ballaststoffe (Vollkornbrot, Obst und Gemüse) und zu wenig Flüssigkeit.
Ursache Nummer zwei: mangelnde Bewegung – Kinder, die viel sitzen, haben öfter Verdauungsprobleme.
Ursache Nummer drei: zu viel elterlicher Ehrgeiz in der Sauberkeits-Erziehung – die Kinder protestieren sozusagen mit dem Schließmuskel.
Ursache Nummer vier: Scham oder Ekel vor fremden Toiletten – viele Kinder vermeiden in Kindergarten oder Schule den Gang aufs Örtchen.
Ursache Nummer fünf: Angst vor Schmerzen – gerade wenn ein Kind schon häufiger Verstopfung hatte, verhindert die Erinnerung an die schmerzhafte Stuhlentleerung eine entspannte Verdauung.

Was tun?

- Ganz akut: 1 Glas Wasser mit 1–2 EL Milchzucker (aus dem Reformhaus) oder 1 Gläschen Pflaumensaft zu trinken geben. Auch eingeweichte Trockenpflaumen oder ein Schälchen mit frischem Sauerkraut können helfen.

- Immer genügend zu trinken anbieten: Viel Flüssigkeit ist wichtig für eine gut funktionierende Verdauung.

- Viele Ballaststoffe essen, zum Beispiel Joghurt mit Chufas-Nüssli (Rezepte Seite 96).

- Wohlfühl-Atmosphäre schaffen! Die Toilettensitzung möglichst „gemütlich" gestalten: angenehme Raumtemperatur, Lieblingsbücher, weiches Toilettenpapier …

- Locker lassen: Die Windel darf bleiben, bis die Kinder sie selbst nicht mehr wollen!

- Keine Abführmittel verabreichen!

SOS – BITTE ZUM ARZT!

Wenn das Kind

- ***länger als drei Tage keinen Stuhlgang hatte,***
- ***den Toilettengang trotz offensichtlichem Stuhldrang immer wieder abbricht,***
- ***über Schmerzen beim Stuhlgang klagt oder weint,***
- ***Blut im Stuhl hat.***

Weitere Hilfe bei allen Fragen rund um Magen und Darm findet man auf der Website der Gesellschaft für pädiatrische Gastroenterologie und Ernährung e.V.
www.gpge.de

Die Aufräumer

Gerade alle Krankheiten rund um den „Bauch" bereiten Eltern Kopfzerbrechen: Was kann und was darf mein Kind jetzt eigentlich essen?
Hier unsere Spezial-Rezepte, die bei Durchfall und Verstopfung auf alle Fälle gut tun.

Orangensaft mit Barley-Water

Gut gegen Verstopfung

Grundrezept Barley-Water (für 5 Gläser):
50 g Gerstenkörner (aus dem Reformhaus oder Bioladen)
2 EL Zitronensaft

Zum Mischen:
Orangensaft (frisch gepresst)
bunte Strohhalme

- Gerstenkörner mit 1/2 l Wasser und dem Zitronensaft aufkochen und ca. 20 Minuten köcheln lassen. Vom Herd nehmen, abkühlen lassen und die Flüssigkeit durch ein Sieb abgießen (ergibt ca. 1/4 l).
- Für einen Drink jeweils 50 ml Barley-Water und 50 ml Orangensaft im Glas vermischen und mit Strohhalm servieren.

Der Trick: Barley-Water – der mineralstoffreiche Sud aus gekochten Gerstenkörnern – ist in England schon seit Jahrzehnten als Heiltrank und sanfte Verdauungshilfe bekannt. Der Sud kann für 2–3 Tage in einer Flasche im Kühlschrank aufbewahrt werden. Bei Verdauungsproblemen ruhig täglich 1 Glas Orangensaft mit Barley-Water trinken – als sanfte Nachhilfe für den Darm.

Joghurt mit Chufas-Nüssli

Gut gegen Verstopfung

Für 1 Portion
3–4 getrocknete Soft-Aprikosen (ungeschwefelt, aus dem Reformhaus oder Bioladen)
100 g cremiger Joghurt (1,5 %) oder Soja-Joghurt (aus dem Supermarkt)
2 EL Chufas-Nüssli (süße Erdmandelflocken aus dem Reformhaus oder Bioladen)
1 EL Birnendicksaft

- Aprikosen in feine Streifen schneiden.
- Joghurt in eine Schüssel geben, Aprikosen und Chufas-Nüssli darauf anrichten und mit Birnendicksaft beträufeln.

Der Trick: Chufas-Nüssli, Erdmandelflocken aus Spanien und Portugal, schmecken so, wie es Kinder mögen: natürlich süß und richtig lecker. Und weil sie besonders ballaststoffreich sind, regen sie ganz nebenbei auch noch die Darmtätigkeit an.

Vollkornbrot mit Feigenmus

Gut gegen Verstopfung

Für 2–3 Brote
60 g getrocknete Soft-Feigen (aus dem Reformhaus oder Bioladen)
3 EL Orangensaft
1 EL Acerolasaft
2 EL Frischkäse (fettarm)
2–3 Scheiben Vollkornbrot

- Feigen grob hacken. Mit Orangensaft, Acerolasaft und Frischkäse im elektrischen Zerhacker fein pürieren.
- Brote mit dem Feigenmus bestreichen.

Der Trick: Getrocknete Feigen sind die klassische Hilfe bei Verdauungsproblemen. Und als süßer Brotaufstrich mit einer Extra-Portion Vitamin C aus Acerolasaft (siehe Einkaufen Seite 22) schmecken sie auch Kindern prima.

Joghurt-Drink mit Apfelmus

Gut gegen Durchfall

Für 1 Portion
1 Apfel
1 EL Birnendicksaft
100 g Soja Joghurt

- Apfel schälen, vierteln, Kerne entfernen und Fruchtfleisch grob würfeln. Mit 50 ml Wasser in einem kleinen Topf in 8–10 Minuten weich kochen, abkühlen lassen.
- Birnendicksaft und Sojajoghurt untermischen, alles fein pürieren.

Der Trick: Soja-Joghurt schmeckt fast wie „echter" Joghurt, enthält eine ansehnliche Portion Kalzium, außerdem B-Vitamine, Vitamin E und essentielle Fettsäuren.
Ideal auch für Kinder, die Milchprodukte wegen Lactose-Unverträglichkeit nicht essen dürfen.

Tut-gut-Suppe

Gut gegen Durchfall

Für 2 Portionen
150 g Kartoffel
50 g Möhre
50 g Fenchel
1/2 l Gemüsebrühe (Instant)
2 EL Vollkorn-Haferflocken („extra-zart")
1 EL Petersilie (gehackt)
Kräutersalz (aus dem Reformhaus)

- Kartoffel und Möhre schälen, Fenchel waschen und putzen. Gemüse fein würfeln.
- Gemüsebrühe in einem Topf aufkochen, Gemüse zugeben und 10–12 Minuten köcheln lassen.
- Haferflocken und Petersilie zugeben, Suppe fein pürieren und mit Kräutersalz abschmecken. Falls die Suppe zu dick wird, noch etwas Gemüsebrühe angießen.

Der Trick: Haferschleimsuppe „under cover": Hier gibt's die Haferflocken mit fein püriertem Gemüse! Haferflocken sind bei Durchfall eine echte Erste-Hilfe-Kur. Sie enthalten so genannte Beta-Glukane, die in der Lage sind, Bakterien und Schadstoffe aus dem Magen-Darm-Trakt hinauszubefördern!

Apfel- und Bananenmus

Gut gegen Durchfall

Für 1 Portion
1 kleiner, süß-saurer Apfel (z.B. Pink Lady)
1 kleine Banane

- Apfel schälen, entkernen, auf der Gemüsereibe fein reiben.
- Banane schälen, mit einer Gabel fein zerdrücken und mit dem geriebenen Apfel vermischen.

Der Trick: Dieses Rezept ist nicht neu, aber wirksam und auch für kleine Kinder geeignet. Das Pektin aus Äpfeln bindet Wasser im Darm – Bananen „stopfen" zusätzlich.
Gleich essen, weil sich der Brei rasch bräunlich verfärbt.

Wenn das Kind zu wenig Appetit hat

„Mag nicht mehr!“ Die fünfjährige Lara schiebt den Teller weg. Sie hat mal wieder fast nichts gegessen – und dabei ist die Kleine so dünn.

In letzter Zeit ist sie ziemlich gewachsen – alle Hosen zu kurz, alle Schuhe zu klein! Im Vergleich zu ihren Freundinnen sieht sie richtig groß aus. Eigentlich ist Lara ein problemloses Kind, fit und ständig in Bewegung. Nur beim Essen – da ist sie furchtbar mäkelig und isst in der Regel nur Miniportionen. Seit sie so gewachsen ist, hat sie kaum zugenommen. Und das macht ihren Eltern langsam Sorgen. Ist Laras Gewicht noch normal, oder hat sie vielleicht schon Untergewicht?

Wieso ist mein Kind so dünn?

Es gibt mehrere Gründe, warum ein Kind zum Leichtgewicht werden kann:

- Kinder wachsen – und zwar in Schüben. Mal sehen sie richtig kompakt aus, dann strecken sie sich um einige Zentimeter und wirken sehr dünn. Das Körpergewicht kann dabei im Verhältnis zur Körpergröße ziemlich schwanken. Sind sie dabei fit und gesund, sind diese Phasen völlig normal.

- Es kann auch sein, dass ein Kind besonders zierlich ist oder sehr groß gewachsen. Oder es ist körperlich besonders aktiv und verbraucht dementsprechend viel Energie.

- Ein familienbedinger Grund: das „Schnell-und-nebenher-Essen“. Viele Kinder erleben den ganzen Tag über kein einziges gemeinsames Essen mit der Familie. Da sind auch größere Kinder mit Essensauswahl „in Selbstbedienung“ einfach überfordert, was entweder dazu führen kann, dass sie zu viel und zu fett (siehe Seite 102–103) oder auch lustlos und zu wenig essen. Beides birgt die Gefahr, dass die Kids sich einseitig ernähren und ihnen wichtige Nährstoffe entgehen.

- Wenn sich Kinder einseitig ernähren, sind sie häufig schlecht mit bestimmten Vitaminen und Mineralstoffen (wie z.B. Vitamin B1, B6 und Zink) versorgt – und das verstärkt wiederum die Appetitlosigkeit.

- Wenn Kinder langsam in die Pubertät kommen, können hinter wenig Appetit und Untergewicht andere schwer wiegende Probleme stecken. Manche Kinder (vor allem Mädchen) – motiviert durch Gesellschaft und Medien – eifern einem Schönheits- und Schlankheitsideal nach und werden in Folge krankhaft essgestört (siehe auch Kasten rechts zu Magersucht und Bulimie).

Ist mein Kind untergewichtig?

Aufmerksam sollten Sie werden, wenn Ihr Kind über einen längeren Zeitraum sehr dünn ist. Stellen Sie über den „Body-mass Index“ (siehe Seite 103) fest, ob sein Gewicht noch im Bereich des Normalgewichts liegt oder ob das Kind Untergewicht hat. Dann muss der Gewichtsverlauf auf jeden Fall über einen längeren Zeitraum vom Kinderarzt beobachtet werden. Sie können den Kinder-BMI auch online berechnen lassen, z.B. mit dem Kinder-BMI-Rechner der DAK. (www.xx-well.com/dak/kinderbmi/index.php)

Was tun?

- **Bieten Sie Essen in kleinen, kindgerechten Mengen an.** Riesenportionen und vollgeladene Teller wirken auf Kinder mit wenig Appetit eher abschreckend.

- **Machen Sie das Essen für Leichtgewichte gehaltreicher:** mit etwas Sahne, Crème fraîche, Butter oder Nüssen.

- **Lassen Sie die Kinder mitentscheiden,** was es zu essen gibt. Und animieren Sie gerade Schlecht-Esser-Kids zum Mitkochen. „Selbstgemachtes“ Essen schmeckt nochmal so gut!

- **Machen Sie den Esstisch zu einem „Wohlfühl-Platz“:** mit lustigen Tisch-Sets, Tellern, Servietten, Bechern usw.

- **Setzen Sie gerade bei Mäkel-Kindern ganz gezielt auf „Mama-Products“ und „Ess-Spielzeug“:** „Ahoi-Suppe mit Würstchen-Booten“ (Rezept Seite 68), „Kartoffelbrei-Berge am Erbsensee“ (Rezept Seite 72) oder „Kartoffelsalat-Monster mit Würstchen-Krake“ (Rezept Seite 117) locken auch schlechte Esser aus der Reserve!

- **Zwingen Sie Ihre Kinder auf keinen Fall zum Essen** – „Teller leer!“ gibt's nicht mehr!

- **Nicht darauf einlassen, wenn Ihr Kind versucht, Essen als Druckmittel einzusetzen:** „Ich ess' das nur, wenn ...!“ Sonst wird Essen zum Machtinstrument in der Eltern-Kind-Beziehung (siehe auch Elternratgeber Seite 26–33).

- **Lassen Sie die Kids viel draußen spielen** – toben an der frischen Luft macht fit und regt den Appetit an.

- Weitere Infos zum Thema Ess-Störungen finden Sie unter:
  www.bzga-essstoerungen.de
  www.anad-pathways.de
  www.bulimie-online.de

SOS – BITTE ZUM ARZT!

Wenn das Kind
- *über längere Zeit appetitlos ist,*
- *ein sehr niedriges Normalgewicht hat oder untergewichtig ist (siehe Tabelle Seite 103),*
- *keine Energie hat, antriebslos und oft krank ist,*
- *sich der Pubertät nähert und die Eltern den Verdacht auf eine krankhafte Essstörung wie Magersucht oder Bulimie haben.*

Hat mein Kind eine Ess-Störung?

Magersucht (Anorexia nervosa): Betroffen sind hauptsächlich Mädchen und Frauen im Alter zwischen zwölf und 25 Jahren. Sie essen extrem wenig oder verweigern die Nahrung ganz. Die Körperwahrnehmung ist gestört – selbst völlig abgemagert halten sie sich noch für zu dick. Die Ursachen der Krankheit sind sehr komplex, reichen von der Angst vorm Erwachsenwerden bis zur Konflikten in der Familie. Zunehmend sind auch junge Männer betroffen.

Anzeichen einer Magersucht:
- will unbedingt abnehmen,
- wiegt sich mehrmals täglich,
- treibt extrem viel Sport,
- achtet auf den Kaloriengehalt der Lebensmittel,
- fühlt sich trotz starker Gewichtsabnahme, immer noch zu dick.

Die gesundheitlichen Folgen der Erkrankung: niedrige Körpertemperatur (ständiges Frieren), Stoffwechselstörungen, chronische Verstopfung und Menstruationsstörungen. Bei dieser Erkrankung ist es ganz wichtig, dass sie rechtzeitig behandelt wird – umso größer sind die Heilungschancen.

Ess-Brech-Sucht (Bulimie): Hier ist das Essverhalten suchtartig gestört. In Heißhungerattacken verschlingen die Betroffenen anfallsartig riesige Mengen kalorienreicher Nahrung, die sie anschließend absichtlich wieder erbrechen. Auf Hochstimmung folgt Depression – ein Teufelskreis! Eine gestörte Körperwahrnehmung und ein geringes Selbstwertgefühl spielen eine Rolle, Konflikte innerhalb der Familie begünstigen den Ausbruch der Krankheit. Auch eine Störung bei der Signalübertragung im Gehirn kann eine der Ursachen sein.

Anzeichen einer Ess-Brech-Sucht:
- isst im Wechsel auffallend viel, dann wieder sehr wenig,
- hat starke Gewichtsschwankungen,
- hortet Lebensmittel,
- ist lustlos und matt, leidet unter Schlafstörungen.

Auch durch Bulimie kommt es zu schweren gesundheitlichen Schäden, von Depression (Suizidgefahr!) bis hin zu Herzrhythmusstörungen.

Für Suppenkasper-Kids

„Nein, meine Suppe ess' ich nicht!", sagen auch heute noch alle kleinen Suppenkasper und treiben ihre Eltern damit zur Verzweiflung. Die machen sich Sorgen, dass ihr Kind keine Power und keine Abwehrkräfte mehr hat und „betteln" oft förmlich um jeden Bissen. Hier gibt's ein paar listige Essen, die schön viele Kalorien und Vitalstoffe haben und unsere Mäkel-Kids so richtig auf Vordermann bringen.

Knusperkartoffeln mit Dip

Ideal für Leichtgewichte

Für 1 Portion
1 1/2 EL weiche Butter
40 g fein gehobelte Kartoffelscheiben
Salz
1 hart gekochtes Ei (M)
2 EL Sahne-Quark
1 EL Sahne-Joghurt
1 TL Apfelessig
1 TL Zitronensaft
1 Msp. Senf

- Backofen auf 200° vorheizen. Eine kleine ofenfeste Form (ca. 12 cm Durchmesser) mit 1/2 EL Butter ausstreichen. Kartoffelscheiben fächerförmig einschichten, mit restlicher Butter bestreichen und leicht salzen.
- Im vorgeheizten Ofen auf der mittleren Schiene in 12–15 Minuten goldbraun braten.
- Ei schälen und fein hacken. Quark und Joghurt mit Apfelessig, Zitronensaft, Senf und Ei gründlich vermischen, mit Salz abschmecken.
- Knusperkartoffeln mit Dip servieren.

Der Trick: Im kleinen Förmchen aus dem Ofen kriegen die Kartoffeln gleich einen Lasagne-Touch – und steigen sofort auf der Beliebtheits-Skala! Außerdem sind Kartoffeln, Ei und Milchprodukte zusammen eine besonders hochwertige und gesunde Eiweißkombination.

Kalbfleischbrühe mit Grießnockerl

Löffelweise Power-Food

Für 1 Topf (etwa 1 l Brühe)

Für die Brühe:
400 g Kalbfleisch (Brust mit Knochen)
100 g Lauch
100 g Zwiebeln
100 g Knollensellerie
100 g Möhren
Meersalz, Kräutersalz
Muskatnuss (frisch gerieben)
1 TL Gemüsebrühen-Paste (aus dem Reformhaus)

Für die Grießnockerl:
40 g weiche Butter
75 g Nockerl- oder Hartweizengrieß
1 Ei (M)
Salz, Muskatnuss (frisch gerieben)

- Fleisch waschen, mit 2 1/2 l kaltem Wasser in einen Topf geben. Gemüse putzen, schälen, grob hacken, mit je 2 Prisen Meersalz und Kräutersalz zum Fleisch geben.
- Alles aufkochen lassen, weißen Schaum abschöpfen, dann die Suppe bei kleiner Hitze ca. 1 1/2 Stunden köcheln lassen.
- Durch ein Sieb in einen zweiten Topf abgießen, mit Salz, Muskatnuss und Gemüsebrühen-Paste kräftig abschmecken.
- Für die Grießnockerl geschmolzene Butter mit 1 EL Grieß vermischen. Ei dazugeben, mit Salz und Muskatnuss würzen, alles gut vermischen. Restlichen Grieß unterrühren und die Masse ca. 20 Minuten quellen lassen.
- Aus der Masse mit Teelöffel kleine Nockerl (längliche Bällchen) abstechen – sie gehen beim Kochen sehr auf – und in kochendem Salzwasser bei kleiner Hitze 12–15 Minuten garen. Mit einer Schaumkelle herausheben, in der heißen Suppe noch 3–4 Minuten ziehen lassen.

Tipp für den Vorrat: Nockerl nur knapp gar kochen, mit Brühe einfrieren.

Der Trick: Diese Suppe hat's in sich: Die Fleischbrühe ist nicht nur kräftig – sie macht auch kräftig! Und mit echt bayerischen Grießnockerln schmeckt's wie auf der Alm ...

Schoko-Frucht-Spießchen

Süß und gesund

Für 2 kleine Spießchen
2 schöne Erdbeeren
2 dicke Scheiben Banane
2 Holzzahnstocher
30 g dunkle Schokolade (66 % Kakao-Anteil)

- Erdbeeren putzen, waschen, mit Küchenpapier trockentupfen.
- Je 1 Erdbeere mit 1 Scheibe Banane auf 1 Holzzahnstocher spießen.
- Schokolade in einem Schälchen, im heißen Wasserbad (oder in der Mikrowelle) schmelzen lassen.
- Spießchen mit der geschmolzenen Schokolade rundum beträufeln, fest werden lassen.

Der Trick: Echtes „Kirmes-Obst" – so kriegt man Vitamine ins Kind! Der Fruchtsnack wird kalorienmäßig extra aufgepeppt – durch Schokolade mit wenig Zucker und hohem Kakao-Anteil.

Süße Mäuse

Raffiniertes für Mäkel-Kids

Für ca. 10 Stück
20 g getrocknete Soft-Aprikosen (ungeschwefelt, aus dem Reformhaus oder Bioladen)
40 g Rosinen
20 g Paranüsse
20 g Pekannüsse
20 g geschälte Mandeln
50 g dunkle Schokolade (66 % Kakao-Anteil)

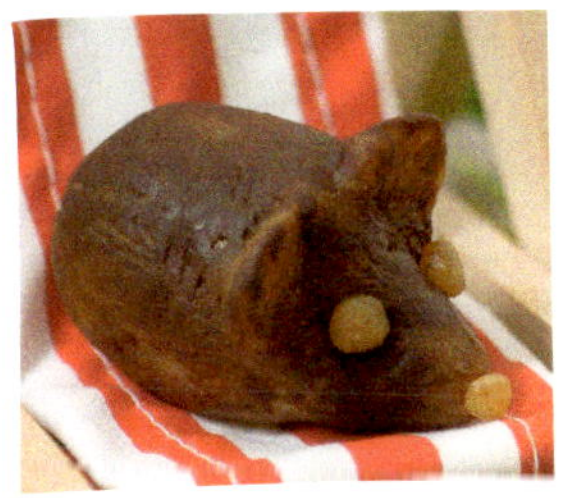

- Aprikosen, 20 g Rosinen, Nüsse und Mandeln im elektrischen Zerhacker zerkleinern, sodass eine formbare Masse entsteht.
- Aus der Frucht-Nuss-Masse mit feuchten Händen ca. 5 cm lange und 1 cm breite „Mäuschen" formen. Auf einen Teller setzen.
- Schokolade im heißen Wasserbad (oder in der Mikrowelle) schmelzen. Die Oberseite der Mäuse damit bestreichen.
- 10 Rosinen halbieren und als Augen vorne auf die Mäuse drücken. Die restlichen Rosinen als Schwänzchen hintendrauf setzen, Schokolade fest werden lassen.

Der Trick: Die Mäuschen sind einfach zum Vernaschen süß! Und: Sie enthalten gesunde Fette, Vitamin E, B-Vitamine und Mineralstoffe.

Wenn das Kind zu viel wiegt

„Weg da, Fettklops!“ Lachend rempeln ein paar Jungs Lukas an der Bushaltestelle an. Ständig muss er sich solche Sprüche anhören – auf dem Schulweg, in der Klasse, beim Sportunterricht.

Schon im Kindergarten war Lukas kein Leichtgewicht. „Das wächst sich aus!“, war die feste Meinung von Mama und Oma, aber jetzt – mit acht Jahren – hat er einen Bauch fast so wie Papa. Lukas ist am liebsten zu Hause, beschäftigt sich mit Computerspielen oder sitzt vor dem Fernseher.

In Deutschland ist mittlerweile schon jedes fünfte Kind übergewichtig – mit steigender Tenden! Die möglichen Folgen: Diabetes, Bluthochdruck, Gelenkerkrankungen, Selbstwertprobleme – auch schon bei Kindern.

Wie es zum Übergewicht kommt

Vor allem schnell soll es gehen: Fastfood und Fertiggerichte machen's möglich. Was Kinder essen und wie sie es essen, scheint dem Tempo der heutigen Zeit angepasst. Das Essen ist zu fett, zu süß – es enthält viel Energie, dafür aber oft wenig gesunde Inhaltsstoffe. In vielen Familien gibt es keine gemeinsame Mahlzeit mehr – ein Knackpunkt: Denn auch im Essverhalten orientieren sich Kinder stark an den Eltern.

Und so snacken sich manche Kids nur noch mit „Fett-Food“ wie Pommes, Schokoriegeln, Gebäck und Eiscreme durch den Tag. Dass Kinder außerdem immer weniger Zeit beim Toben im Freien verbringen, macht die Sache nur noch schlimmer!

Was tun?

- **Gehen Sie das Problem am besten sofort an!** Dafür braucht das Kind die Unterstützung der ganzen Familie – versuchen Sie gemeinsam, eingeschliffene Verhaltensweisen und Essgewohnheiten abzulegen, damit das Kind eine Chance bekommt, sein Gewicht zu normalisieren und zu halten.

- **Keine Diät,** wenn der Arzt sie nicht ausdrücklich verordnet!

- **Energiereiches Fett im Essen reduzieren.** Tauschen Sie fettreiche Lebensmittel gegen fettarme aus (siehe Einkaufsratgeber ab Seite 12). In den „Koch's noch mal, Mama“-Rezepten finden Sie außerdem an vielen Stellen Hinweise, wie Sie die Rezepte für mollige Kids „leichter“ machen können.

- **Reichlich gesunde „Sattmacher“ in den Speiseplan einbauen:** ballaststoffreiche Vollkornprodukte und viel frisches Obst und Gemüse.

- **Wenn möglich, mindestens einmal am Tag eine gemeinsame Familienmahlzeit einplanen.** Legen Sie bestimmte Zeiten für drei Hauptmahlzeiten, einen Vormittags- und einen Nachmittags-Snack fest. Das bringt Regelmäßigkeit ins Essverhalten und verhindert, dass die Kids zwischendurch essen.

- **Viel trinken!** (Siehe Einkaufsratgeber Getränke, Seite 21).

- **Beim Braten Fett sparen,** indem Sie eine beschichtete Pfanne benutzen und das Bratöl mit einem Teelöffel abmessen.

- **Beim Essen nicht fernsehen, beim Fernsehen nicht essen** – das lenkt ab, und man isst leicht „über den Hunger“.

- **Kinder brauchen Bewegung – täglich und so viel wie möglich!** Das bedeutet auch für die Eltern eventuell ein Umdenken: Ist der Kindergarten wirklich so weit, dass man mit dem Auto hinfahren muss, oder kann man ihn auch zu Fuß erreichen? Können die Kinder auch mit dem Fahrrad zur Schule fahren? Für welchen Sport könnte sich Ihr Kind interessieren? Überlegen Sie gemeinsam mit Ihrem Kind, und versuchen Sie, einen Verein zu finden, in dem Ihr Kind neben Spaß am Sport auch neue Freunde finden und frisches Selbstbewusstsein bekommen kann.

Ist mein Kind übergewichtig?

Das können Sie durch den Bodymass-Index (BMI) speziell für Kinder feststellen. Er berücksichtigt das Alter der Kinder und das Geschlecht.

So gehen Sie vor:

- Zuerst rechnen Sie den BMI aus.

$$\frac{\text{Körpergewicht in Kilogramm}}{\text{Körpergröße (Meter)}^2} = \text{Bodymass-Index (BMI)}$$

- Ein Beispiel:
  Lukas wiegt 32 Kilogramm, ist 1,27 Meter groß
  und sieben Jahre alt

$$\frac{32}{1{,}27 \times 1{,}27} = \frac{32}{1{,}61} = 19{,}9$$

- Sie können den Kinder-BMI auch online berechnen lassen, z.B. mit dem Kinder-BMI-Rechner der DAK. (www. xx-well.com/dak/kinderbmi/index1.php)
- Für weitere Unterstützung finden Sie Adressen auf Seite 143.

SOS – BITTE ZUM ARZT!

Wenn das Kind

- *laut BMI starkes Übergewicht hat,*
- *körperliche Beschwerden wie Kurzatmigkeit, Schmerzen im Bewegungsapparat oder Kreislaufbeschwerden hat,*
- *sich wegen Hänseleien und Ausgrenzung zurückzieht.*

Der Arzt wird vermutlich zu einem Therapieprogramm für adipöse (stark übergewichtige) Kinder raten, das aus einer Ernährungsumstellung, sportlicher Aktivität und Verhaltensänderung besteht und bei dem auch die Eltern miteinbezogen werden.

So überprüfen Sie das Gewicht Ihres Kindes

... bei Jungen bis 18 Jahren

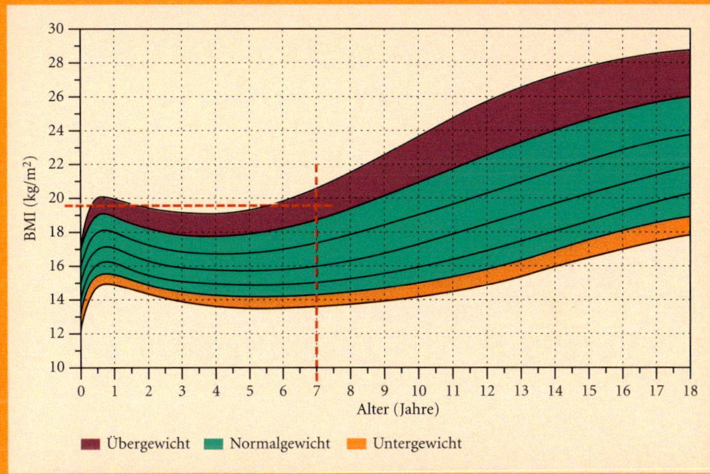

Bei unserem Beispiel Lukas kreuzen sich die Werte Alter und Bodymass-Index auf dem neben stehenden Diagramm im roten Bereich – das heißt, Lukas ist übergewichtig!

... bei Mädchen bis 18 Jahren

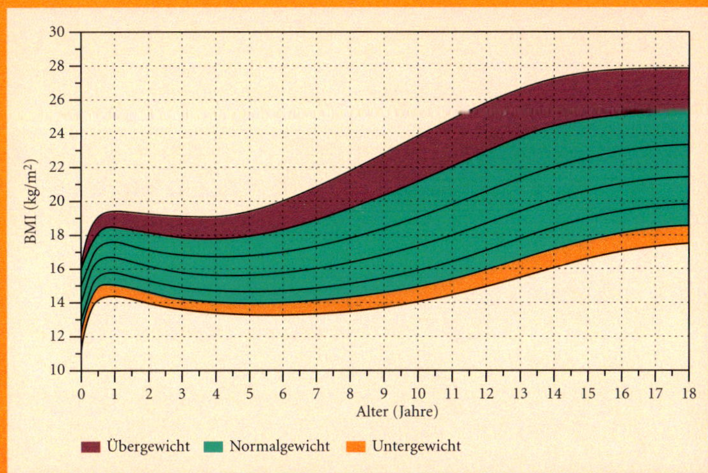

Quelle Arbeitsgemeinschaft Adipositas im Kindes- und Jugendalter

Die Zu-gerne-Esser

Zu viel Appetit? Bei dem „Wenn der kleine Hunger kommt"-Problem können wir vielleicht helfen! Mit gesunden Rezepten, die so wenig Kalorien und Fett haben, dass man ruhig auch mal zwei Portionen essen darf ...

Schnelle China-Suppe

Das wunderbare Asia-Töpfchen

Für 4–5 Chinasuppenschüsseln
1 l Gemüsebrühe (Fertigprodukt)
4 EL helle Sojasoße
1 Msp. gemahlener Ingwer
2 EL Zitronensaft
100 g geputztes Gemüse (z.B. rotes Paprikafruchtfleisch, Salatgurke ohne Kerne, Zucchini)
1 Hand voll Glasnudeln (im Asialaden oder Supermarkt)

- Gemüsebrühe mit Sojasoße, Ingwer und Zitronensaft in einem Topf erhitzen.
- Gemüse in feine Würfelchen oder Streifen schneiden. Glasnudeln 5 Minuten in kaltem Wasser einweichen, mit einer Schere in mundgerechte Stücke schneiden.
- Gemüse und Nudeln zur Brühe geben, alles bei mittlerer Hitze 5–6 Minuten köcheln lassen.

Der Trick: Wenn's mal ganz schnell gehen muss – auch an dieser leckeren, kalorienarmen Gemüsesuppe dürfen sich Kinder satt essen!

Fitness-Salatdressing

Macht den Salat ganz „light" an!

Für 1 Portion
2 EL cremiger Magerjoghurt
1/2 TL Sonnenblumen- oder Distelöl
1 EL Orangensaft
1 TL Apfelessig
1 TL Zitronensaft
1 Msp. milder Senf
Meersalz, Kräutersalz
1/4 Salatgurke
je 1 breiter Streifen rotes und gelbes Paprikafruchtfleisch

- Joghurt mit Öl, Orangensaft, Apfelessig, Zitronensaft und Senf verrühren, mit Meersalz und Kräutersalz abschmecken.

- Gurke waschen und (mit Schale) in feine Scheiben hobeln, Paprikafruchtfleisch in Streifen schneiden. Gemüse vermischen und mit dem Salatdressing beträufeln.

Das Salatdressing können Sie auch leicht vervielfachen, wenn Sie für die ganze Familie kochen.

Der Trick: Ein leckeres, Vitamin C-reiches Dressing mit ganz wenig Fett. Die Gemüsezutaten können Sie nach dem Geschmack der Kinder variieren, z.B. mit geraspelten Möhren, Radieschen- oder Zucchinischeibchen oder Kohlrabistreifen – da können die Kids nach Herzenslust mitschnippeln! Das Öl (siehe Einkaufsratgeber Seite 19) bitte nicht weglassen: Schon eine kleine Menge sorgt dafür, dass fettlösliches Vitamin A und Carotinoide aus gelbem und rotem Gemüse gut aufgenommen werden können.

Knäcke-Bruschetta

Krosser Knabber-Frisbee

Nach Belieben
rundes Knäckebrot
Paprikafrischkäsecreme (Rezept Seite 39, mit 5 %-igem Frischkäse)
Tomate
Gurke
Paprika
Radieschen
Kräutersalz

- Knäckebrot mit Paprikafrischkäsecreme bestreichen.
- Brot nach Geschmack mit Tomatenscheiben, Gurkenscheiben, Paprikastreifen oder Radieschenscheiben belegen, mit etwas Kräutersalz würzen.

Der Trick: Die krosse Variante zum Vollkornbrot (siehe Pausenbrote Seite 44–45). Knäckebrot gibt's in vielen verschiedenen Sorten, auch aus Vollkornmehl. Es ist fettarm und hat den Crisp-Effekt beim Reinbeißen, den Kinder so lieben.

Suppe satt

Nachschlag erwünscht

Für ca. 1 1/2 l Suppe
100 g Knollensellerie
100 g Möhren
100 g Frühlingszwiebeln
100 g Lauch
1 Knoblauchzehe
1 Hand voll Petersilienblättchen
2 Liebstöckel-Zweige
Meersalz/Kräutersalz
1 EL Gemüsebrühen-Paste (Fertigprodukt, aus dem Reformhaus)
Gemüse nach Wahl
(z.B. Möhren, Fenchel, Lauch, Kohlrabi usw.)

- Gemüse putzen, waschen und grob hacken. Knoblauch schälen. Mit 2 l Wasser in einen großen Topf geben. Petersilie, Liebstöckel und 1–2 Prisen Meersalz zugeben, alles aufkochen und bei kleiner Hitze 1 1/2 Stunden köcheln lassen.
- Suppe durch ein Sieb in einen zweiten Topf abgießen, Gemüse leicht ausdrücken. Suppe mit Gemüsebrühen-Paste und Kräutersalz abschmecken.
- Gemüse putzen und in Würfel oder Streifen schneiden, in der Brühe 8–10 Minuten garen.

Der Trick: Von dieser Suppe dürfen auch übergewichtige Kinder so viel essen, wie sie wollen. Sie ist praktisch fettfrei, kalorienarm und schmeckt richtig lecker. Und: Das bunte Gemüse-Allerlei steckt voller Vitamine und Vitalstoffe.

Wenn das Kind hyperaktiv ist

Der kleine Philipp „nervt": Keine fünf Minuten kann er konzentriert spielen. Nie schafft er es, beim Essen mal ganz einfach ruhig sitzen zu bleiben. Auch im Kindergarten gibt's nichts als Ärger: Ständig stört er die anderen Kinder, rauft, tobt und schreit. Eltern und Erzieher wissen nicht mehr weiter!

Einfach nur zu temperamentvoll, ein echter Rabauke – oder doch ein „hyperaktiver" Zappelphilipp? Nicht jedes „wilde" Kind hat gleich ADHS – das so genannte „Aufmerksamkeits-Defizit-Hyperaktivitäts-Syndrom". Kritische Ärzte und Psychologen glauben, dass bei unruhigen Kindern heute viel zu schnell ADHS diagnostiziert wird. Oft verdeckt eine solche Diagnose ein mögliches familiäres Problem. Wir raten deshalb unbedingt dazu, professionelle Hilfe zu suchen: Kinderärzte und Kinderpsychologen können die Krankheit mit international anerkannten Tests sicher diagnostizieren!

Was ist ADHS?

Noch vor ein paar Jahren war die Krankheit bei uns praktisch unbekannt – da galten solche Kinder einfach als auffällig oder „schwer erziehbar". Heute weiß man, dass bei hyperaktiven Kindern der Stoffaustausch zwischen Zellen bestimmter Hirnregionen nicht richtig funktioniert.

Betroffen sind Hirnbereiche, die Informationen und Sinnenseindrücke aufnehmen und verarbeiten. Bislang sind sich die Wissenschaftler nicht ganz sicher, wodurch diese Stoffwechselstörung im Gehirn tatsächlich ausgelöst wird. Fest steht, dass die genetische Veranlagung eine Rolle spielt und dass die Ernährung nachweislich einen Einfluss auf die Krankheit hat.

Was tun?

Zur Behandlung von ADHS gehören:

- gemeinsame Beratungsgespräche mit Eltern, Kind und Erziehern,
- unbedingt Psychotherapie,
- Ergotherapie,
- eventuell eine medikamentöse Behandlung, z.B. mit Ritalin. Diese Behandlung ist bei Kinderärzten und -psychologen sehr umstritten. Viele gehen davon aus, dass viel zu schnell und ohne gründliche Untersuchung Ritalin verschrieben wird. Eine solche einschneidende medikamentöse Behandlung bei Kindern sollte nur die letzte, nie die erste Möglichkeit sein!
- eventuell eine Ernährungsumstellung.

Das raten erfahrene Psychologen Eltern von hyperaktiven Kindern:

- **Jeden Tag klar strukturieren,** feste Regeln aufstellen und sie auch selber einhalten – gerade hyperaktive Kinder brauchen Sicherheit und Verlässlichkeit.

- **Nicht mit Lob sparen:** Jeden Tag sollte mindestens eine Sache, die das Kind gut gemacht hat, ganz speziell hervorgehoben werden.

- **Ein Abend-Ritual einführen:** Am Bett noch einmal den Tag Revue passieren lassen, positive Ereignisse und Verhaltensweisen betonen.

- **Sich selbst nicht vergessen** und einen Weg finden, um neue Kraft zu tanken. Das Familienleben mit hyperaktiven Kindern ist oft stressig – damit Eltern die Nerven bewahren, sollten sie bewusst auch mal etwas alleine unternehmen und sich eine Auszeit gönnen!

Kann Essen helfen? Das vermuten Ärzte und Ernährungswissenschaftler:

Bislang gibt es auf diesem Gebiet mehr Theorien als Tatsachen. Unser Favorit: die Theorie der positiven Beeinflussung des Gehirnstoffwechsels durch Omega-3-Fettsäuren. Omega-3-Fettsäuren sind essentielle Fettsäuren, die der Körper mit der Nahrung aufnehmen muss. Sie sind wichtig für die Gehirnfunktion, gut für Augen und Haut und stärken das Herz-Kreislauf-System. Wichtige Omega-3-Fettsäure-Lieferanten sind z.B. Lachs, Tunfisch, Hering, Makrelen und bestimmte Pflanzenöle wie Leinöl und Sojaöl. Die positive Wirkung von Omega-3-Fettsäuren auf ADHS wird derzeit noch untersucht – bestätigende Untersuchungen müssen noch abgewartet werden.

Wir haben uns dennoch für spezielle Rezepte mit einer Extra-Portion an Omega-3-Fettsäuren entschieden: Die sind nämlich auf jeden Fall gut für Konzentration und gute Nerven – und können deshalb für Kinder und Eltern nur positiv sein!

Nicht bestätigt wurden bisher die Theorien, dass Phosphate oder Konservierungsstoffe und Salizylate in der Nahrung der Auslöser für ADHS sein könnten.

SOS – BITTE ZUM ARZT!

Wenn das Kind mehrere der folgenden Symptome zeigt:

- *extremer Bewegungsdrang,*
- *mangelnde Verhaltenskontrolle,*
- *starke Konzentrationsschwierigkeiten,*
- *Lernstörungen,*
- *Schlafstörungen,*
- *niedrige Frustrationsgrenze, aggressives Verhalten,*
- *auffälliges Verhalten in mehreren Lebensbereichen (also z.B. in Familie und Kindergarten),*
- *durch sein Verhalten ausgelöste, schwer wiegende Probleme mit Freunden, Erziehern, Geschwistern und – nicht zuletzt – mit den Eltern,*
- *Versagen in der Schule.*

Positive Erfolge gab es dafür aber mit „oligo-antigenen" Diäten, die allerdings nur unter Aufsicht eines Kinderarztes durchgeführt werden dürfen. Dabei geht man von Lebensmittel-Allergien aus, die Verhaltensstörungen auslösen können.

Kontaktadresse:
Bundesverband überaktives Kind
Postfach 410 724
12117 Berlin
Tel.: 030 – 85 60 59 02
www.bv-auek.de

Essen für den Zappelphilipp

Essentielle Fettsäuren (die gerade in Seefisch reichlich vorkommen) wirken nachweislich positiv auf Gehirn und Nerven – und eine solche Unterstützung können nicht nur Zappelphilipp-Kinder gut gebrauchen!

Knusper-Ravioli

Fisch im Päckchen

Für 8–10 Stück
10 Wan-Tan-Blätter (aus dem Asialaden, tiefgekühlt)
50 g Lachsfilet (ohne Haut, frisch oder tiefgekühlt)
1 EL Limettensaft
1 EL Leinöl
2 EL Frühlingszwiebelröllchen
Salz, Pfeffer
1 Eigelb
1 runder Plätzchenausstecher oder 1 Glas
2–3 EL Sonnenblumenöl

- Wan-Tan-Blätter auftauen lassen.
- Lachsfilet waschen, trockentupfen, in sehr kleine Würfelchen schneiden. In einer Schüssel mit Limettensaft, Leinöl und Frühlingszwiebeln vermischen, mit Salz und Pfeffer würzen.
- Eigelb verquirlen und die Wan-Tan-Blätter damit bestreichen. Je 1 TL Lachsstückchen in die Mitte von 1 Teigblatt setzen, Seiten über der Füllung zusammenklappen und gut andrücken. Mit dem Plätzchenausstecher oder Glas „Halbmonde" ausstechen, Ränder noch einmal andrücken.
- Sonnenblumenöl in einer Pfanne erhitzen, Lachs-Ravioli darin goldbraun braten, einmal wenden und auf Küchenpapier abtropfen lassen.
- Knusper-Ravioli z.B. mit Joghurt-Dip (Rezept siehe Seite 78) servieren.

Der Trick: Als Fingerfood im Knusper-Teig essen Kinder Lachs besonders gerne – und die essentiellen Omega-3-Fettsäuren snacken sie einfach mit …

Knabber-Mix

Einfach zum Drüberstreuen

je 2 EL Kürbis- und Sonnenblumenkerne
1 EL Leinöl
2 EL Honig
1/2 TL Sonnenblumenöl

- Kerne in einer Pfanne ohne Fett unter ständigem Rühren 3–4 Minuten rösten.
- Leinöl und Honig zugeben, mit den Kernen vermischen und 2–3 Minuten unter Rühren weiter rösten, bis die Mischung hellbraun ist.

- Ein Backblech mit Sonnenblumenöl einstreichen, die Honig-Kernmischung darauf geben, glatt streichen und abkühlen lassen.
- Knusper-Mix fein hacken, über Müsli, Joghurt, Obstsalat etc. streuen.

Der Trick: Bei diesen honigsüßen Crunchies müssen Sie keine Überzeugungsarbeit leisten – die streuen sich die Kids auch ungebeten (samt Omega-3-Fettsäuren) übers Müsli!

Fischer-Lasagne

Leckere Pasta und frischer Lachs – köstlich hochgestapelt

Für 2 große und 2 kleine Esser
1/2 Fenchelknolle
1 Möhre
1 Bund Frühlingszwiebeln
1 EL Leinöl (aus dem Reformhaus oder Bioladen)
150 ml Gemüsebrühe (Instant)
100 ml Sahne
2 EL Zitronensaft
2 EL Frischkäse
200 g Lachsfilet (ohne Haut, frisch oder tiefgekühlt)
Salz, Pfeffer
150 g Lasagneblätter (ohne Vorgaren)
80 g junger Gouda (gerieben)
20 g Parmesan (gerieben)

- Fenchel, Möhre und Frühlingszwiebeln putzen, waschen bzw. schälen und sehr fein hacken. Backofen auf 200° vorheizen.
- Leinöl in einem Topf erhitzen, Gemüse darin unter Rühren andünsten. Gemüsebrühe, Sahne, Zitronensaft und Frischkäse untermischen, alles 4–5 Minuten köcheln lassen.
- Lachsfilet waschen, trockentupfen und in kleine Würfelchen schneiden. Lachs zur Soße geben, 3–4 Minuten mitgaren, mit Salz und Pfeffer würzen.
- In eine kleine Auflaufform (20 x 30 cm) abwechselnd Lasagneblätter, Lachssoße und geriebenen Gouda einschichten, bis alle Zutaten verbraucht sind. Mit einer Schicht Teigblätter aufhören und je 2 EL geriebenen Gouda und Parmesan darüber streuen.
- Form mit Alufolie abdecken und die Lasagne im vorgeheizten Backofen auf der mittleren Schiene ca. 15 Minuten garen. Dann ohne Folie noch weitere 8–10 Minuten überbacken.

Der Trick: In dieser Lasagne stecken gleich zwei Lebensmittel, die wertvolle Omega-3-Fettsäuren enthalten – Lachsfilet und Leinöl. Leinöl hat einen intensiven, leicht nussigen Geschmack, setzen Sie es deshalb nur sparsam und ganz gezielt ein.

Bonjour-Salat

Herr Ober – eine Schüssel Vitamine, bitte!

Für 1 Kind
1 Hand voll Salatblätter
50 g rotes Paprikafruchtfleisch
50 g gelbes Paprikafruchtfleisch
2 EL Frühlingszwiebelringe
50 g Tunfisch (im eigenen Saft, aus der Dose)
1 hart gekochtes Ei
1 EL Leinöl
1 EL Apfelessig
1 EL Orangensaft
1 Msp. Senf
1 EL Vollmilch-Joghurt
Salz, Pfeffer

- Salat waschen, trockenschleudern, in mundgerechte Stücke zupfen. In einen tiefen Teller oder eine kleine Schüssel geben.
- Paprikafruchtfleisch in ca. 2 cm große Würfel schneiden, mit Frühlingszwiebeln und zerpflücktem Tunfisch auf dem Salat anrichten.
- Ei schälen und längs halbieren. Leinöl mit Apfelessig, Orangensaft, Senf und Joghurt vermischen, mit Salz und Pfeffer abschmecken.
- Dressing über den Salat träufeln, mit Eihälften anrichten.

Lässt sich fürs Family-Essen auch leicht vervielfachen!

Der Trick: Mit Ei und Tunfisch ein super „Sattmacher-Salat". Und: Der Fisch bringt essentielle Omega-3-Fettsäuren in die bunte Salat-Vitamin-Mischung.

Esprit Football
ITALY

Unterwegs

Wir wollen raus!

Die Sonne scheint, die ganze Familie hat frei und Zeit für die schönsten Outdoor-Vergnügungen – von der Radtour mit köstlichem Picknick mitten auf der Wiese bis zum Grill-Event mit der kompletten Nachbarschaft.
Und für die Fahrt in den Urlaub haben wir noch ein paar leckere Fingerfood-Rezepte vorbereitet.

Für ein, zwei, viele Picknicker

Hier gibt's köstliches Take-away-Food für ein Super-Picknick am See, im Park, im Wald und auf der Heide ...

Obst-Kebabs

Exoten-Früchtchen am Stiel

Für 4 Spießchen
100 g Mangofruchtfleisch
100 g Wassermelonenfruchtfleisch
Holz-Schaschlikspieße
1–2 EL Zitronensaft

- Mango- und Wassermelonenfruchtfleisch zuerst längs in ca. 1 cm breite Streifen, dann quer in etwa 2 cm große Quadrate schneiden. Fruchtwürfel im Wechsel auf die Spießchen stecken.
- Kebabs zum Transport in eine Plastikbox legen und mit Zitronensaft beträufeln.

Der Trick: Mango und Wassermelone – ein erfrischender Fit-Snack für Groß und Klein. Mangos haben im Vergleich zu anderen Früchten einen sehr hohen Gehalt am Zellschutz-Stoff Beta-Carotin, aus dem der Körper auch Vitamin A bilden kann. Auch die Gehalte an Vitamin C und E sind bemerkenswert!

Tuna-Sandwich

Saftiges Intermezzo

Für 2 Portionen
2 weiche Vollkorn-Brötchen
1 EL Vollmilch-Joghurt
2 EL Mamas Ketchup (Rezept Seite 57)
Salz

40 g Tunfisch aus der Dose (im eigenen Saft)
4 Scheiben hartgekochtes Ei
4 Gurkenscheiben
4 Paprikastreifen
4 Tomatenscheiben

- Brötchen längs so weit aufschneiden, dass sich das weiche Innere herauslösen lässt.
- Joghurt und Ketchup verrühren und mit etwas Salz abschmecken. Das Innere der Brötchen mit der Ketchup-Creme bestreichen. Brötchen mit Tunfisch, Ei, Gurke, Paprika und Tomate füllen und gut zusammendrücken.

Der Trick: Herzhaft reinbeißen und ganz nebenbei eine Menge gesunder Inhaltsstoffe zu sich nehmen! Die schmackhafte Kombination aus Fisch, Ei und frischem Gemüse enthält einen reichhaltigen Mix aus wertvollem Eiweiß, essentiellen Fettsäuren, Vitamin C und bioaktiven Pflanzenstoffen.

Pastasalat „Tomatissimo"

Kleine Nudeln – ganz in Rot!

Für 2 große und 2 kleine Esser
250 g kleine runde Pasta (am besten Cavatelli oder Gnobetti)
Salz
800 g Tomaten
3 EL Olivenöl
4 EL Balsamico-Essig
2 EL Zitronensaft
Pfeffer
4 EL Parmesan (gehobelt)
Sambal Oelek (Fertigprodukt, scharf (!), für die Eltern)

- Pasta in reichlich kochendem Salzwasser garen. In ein Sieb abgießen, kalt abspülen und abtropfen lassen.
- Backofen auf 200° vorheizen.
- Tomaten waschen und trockentupfen. Die Hälfte der Tomaten putzen und quer halbieren. Mit den Schnittflächen nach oben auf ein mit Backpapier ausgelegtes Blech setzen. Mit 1 EL Olivenöl beträufeln, leicht salzen. Im vorgeheizten Ofen auf der mittleren Schiene 10–12 Minuten backen. Herausnehmen und abkühlen lassen.
- Restliche Tomaten putzen, vierteln und fein würfeln.
- Geröstete Tomaten in einem Rührbecher fein pürieren, Püree durch ein Sieb streichen.
- Nudeln mit Tomatenwürfeln, Tomatenpüree, restlichem Olivenöl, Balsamico-Essig und Zitronensaft vermischen, mit Salz und Pfeffer abschmecken.
- 2 EL gehobelten Parmesan unterheben, Salat 20 Minuten ziehen lassen und dann nochmals abschmecken.
- Salat für die Kids in hohe Plastikbecher füllen, mit etwas Parmesan bestreuen und für den Transport mit Alufolie verschließen.
- Salat für die Erwachsenen nach Belieben mit Sambal Oelek „nachschärfen".

Der Trick: Für die Kids wird der klassische Nudelsalat völlig neu aufgelegt – wir lassen sie auch hier ihrer unersättlichen „Nudeln-mit-Tomaten-Leidenschaft" frönen! Bestens für den großen Picknick-Hunger und mit vielen gesunden Bioaktivstoffen aus Tomaten.

Konfetti-Salat

Kunterbuntes Happening

Für 2 große und 2 kleine Portionen
je 250 g Salatgurke, gelbe Paprikaschote und Tomaten
100 g weiße Gemüsezwiebel
3 EL Zitronensaft
2 EL Olivenöl
Salz, Pfeffer

- Gurke waschen, längs halbieren und die Kerne entfernen, Fruchtfleisch längs in feine Streifen, dann quer in kleine, ca. 1 x 1 cm große Würfelchen schneiden.
- Paprika und Tomaten waschen und putzen, Tomaten entkernen. Beide Gemüse ebenfalls in ca. 1 x 1 cm große Würfelchen schneiden.
- Zwiebel schälen und fein hacken. Gurke, Paprika, Tomate und Zwiebel in einer Schüssel mit Zitronensaft und Olivenöl vermischen, mit Salz und Pfeffer kräftig würzen.
- Salz und Pfeffer mitnehmen, Salat vor dem Essen nochmals abschmecken.

Hat's geschmeckt? fragt Harry Bär

„Ideal zum Mitnehmen – sieht auch nach Stunden immer noch lecker aus und schmeckt so toll frisch gemacht."
Melanie, Mutter von Marlon und Lino, Grafikerin

Dieser Salat ist super auch für viele Leute – lässt sich ganz einfach verdoppeln oder verdreifachen!

Trick: Schön bunt, schön klein – so kommt auch in Kinder das Gemüse rein. Und der Konfetti-Salat enthält eine Menge Vitamin A und C, Kalium und wichtige Bioaktivstoffe – z.B. Sulfide aus Zwiebeln (antimikrobiell) und Lycopin aus Tomaten (Zellschutz).

Knusper-Sticks

Mittelmeer-Käse-Röllchen

Für 12 Stück
1 Frühlingszwiebel
1 Knoblauchzehe
120 g Schafskäse (Feta)
1 Ei
Salz, Pfeffer
Filo- oder Yufka-Teig (aus dem griechischen oder türkischen Lebensmittelgeschäft) oder Frühlingsrollenteig
Olivenöl zum Bestreichen

- Frühlingszwiebel waschen, putzen und in Röllchen schneiden. Knoblauch schälen.
- Schafskäse in einer Schüssel grob zerbröckeln, Frühlingszwiebeln, gepressten Knoblauch und das Ei zugeben. Zutaten mit einer Gabel zu einer cremigen Masse verarbeiten. Mit 1–2 Prisen Salz und Pfeffer würzen.
- Backofen auf 200° vorheizen. Eine Platte Filo-Teig (oder anderen Teig) mit Olivenöl einpinseln, eine zweite Platte darauf legen. Teig in 12 Rechtecke schneiden, ca. 10 x 20 cm groß.
- Je 1 EL Käsemasse längs über die Mitte der Teigstücke verteilen. Schmale Teigenden einschlagen und die Teigstücke der Länge nach aufrollen.
- Filo-Sticks auf ein mit Backpapier ausgelegtes Blech legen, mit Olivenöl bestreichen und auf der mittleren Schiene in 8–10 Minuten goldbraun backen, herausnehmen und abkühlen lassen.

Trick: Die kann man auch beim Spielen essen! Ideal für Kinder, die vor lauter Abenteuergeist nicht viel Zeit zum Essen haben.

Mini-Frittatas

Kartoffelhäppchen für unterwegs

Für ca. 12 Stück
200 g Kartoffeln (vorwiegend festkochend)
Salz
50 g Frühstücksspeck
3 Eier (M)
100 ml Sahne
3 EL Mehl
Pfeffer
12 Papierbackförmchen (ca. 5 cm Durchmesser)
2 EL flüssige Butter
50 g Emmentaler (gerieben)

- Kartoffeln schälen, in kleine Würfel (0,5 x 0,5 cm) schneiden und in kochendem Salzwasser 3–4 Minuten garen, in ein Sieb abgießen und abtropfen lassen.
- Frühstücksspeck in einer Pfanne bei kleiner Hitze 4–5 Minuten knusprig ausbraten, in feine Stückchen schneiden.
- Backofen auf 180° vorheizen.
- Eier, Sahne und Mehl gründlich verrühren, Kartoffelwürfel und Speckstückchen unterrühren, alles kräftig mit Salz und Pfeffer würzen.
- Papierbackförmchen mit flüssiger Butter einpinseln, Ei-Kartoffelmasse hineinfüllen (etwa zur Hälfte) und mit geriebenem Käse bestreuen. Auf ein Backblech setzen und auf der mittleren Schiene ca. 20 Minuten backen, abkühlen lassen.

Trick: In den kleinen pikanten Kuchen mit Spanien-Touch ergänzen sich Ei und Kartoffel bestens – zusammen gegessen ist ihre Eiweiß-Qualität nämlich vom Feinsten!

Ran an den Grill!

Ein klasse Sommer-Sonne-Vergnügen für die ganze Familie: Grill raus, Feuer an und los geht's! Da qualmt's und duftet's von allen Seiten … Und dann am Wochenende – yippie! – mit dem Komplett-Equipment raus an den See!

Cowboy-Kartoffeln

Und wer holt die Kartoffeln aus dem Feuer?!

Für 4 Portionen
8 mittelgroße, neue Kartoffeln (**ca. 600 g, vorwiegend festkochend**)
Salz
Alufolie zum Einwickeln
1 Knoblauchzehe
4 EL saure Sahne
1 EL Zitronensaft

- Kartoffeln mit Schale gründlich waschen und in reichlich Salzwasser in 15–20 Minuten knapp gar kochen, abgießen.
- Kartoffeln in Alufolie wickeln. Auf dem Grillrost 12–15 Minuten backen.
- Knoblauch schälen. Saure Sahne mit Zitronensaft und gepresstem Knoblauch verrühren, mit Salz abschmecken.
- Kartoffeln vom Grill nehmen und die Alufolie öffnen. Kartoffeln längs aufschneiden und je 1 großen Klecks saure Sahne darauf geben.

Beim Essen bitte Vorsicht, die Kartoffeln bleiben sehr lange heiß – also kräftig pusten!

Der Trick: Echt wertvolle Knollen! Und weil die Schale beim Garen dranbleibt, sind die guten Inhaltsstoffe auch noch drin – als da wären: Kalium für den Zell-, Vitamin B6 für den Eiweißstoffwechsel und Zink fürs Immunsystem. Und eine bemerkenswerte Menge Vitamin C!

Würstchen-Krake auf Kartoffelsalat-Monster

Showtime für den Oktopus

Für 4 Portionen
600 g Salatkartoffeln (vorwiegend festkochend)
Salz
3 EL Frühlingszwiebeln (fein gehackt, ohne Grün)
3 EL Weißweinessig
3 EL Mais-Keimöl
150 ml Gemüsebrühe (Instant)
Pfeffer
Pflanzenwürze aus dem Reformhaus oder Bioladen, z.B. Kelpamare
4 schöne Wiener Würstchen (oder Frankfurter oder Bockwürstchen)
Sonnenblumenöl zum Bepinseln
1–2 rote Paprikaschoten
1 Mini-Plätzchenausstecher (Stern)

- Kartoffeln mit Schale gründlich waschen und in reichlich Salzwasser 20–25 Minuten garen (mit einem Messer zur Probe hineinstechen – sie sollen innen weich sein). Kartoffeln abgießen, etwas abkühlen lassen, dann pellen und würfeln.
- Kartoffeln mit Frühlingszwiebeln, Essig und Mais-Keimöl vermischen. Gemüsebrühe nach und nach unterheben. Mit Salz, Pfeffer und einem Spritzer Kelpamare abschmecken und mindestens 20 Minuten durchziehen lassen. Kartoffelsalat vor dem Servieren nochmals abschmecken.
- Würstchen bis zu 2/3 ihrer Länge so einschneiden, dass 4 „Arme“ entstehen. Würstchen etwas mit Öl einpinseln und grillen.
- Paprika waschen und putzen. Für die Kids auf jeden Teller einen großen Klecks Kartoffelsalat geben und mit einem Löffel glatt streichen, so dass ein runder Hügel entsteht. Aus Paprika feine Streifen als „Fangarme“ schneiden, rundherum hineinstecken, mit einem kleinen Plätzchenausstecher Kreise ausstechen und als „Augen“ in den Kartoffelsalat setzen.
- Gegrillte Würstchen-Krake auf dem Kartoffelsalat-Monster servieren.

Die Eltern können den Kartoffelsalat natürlich auch „einfach so“ essen ...!

Hat's geschmeckt? fragt Harry Bär
„Emmas und mein Lieblingsessen – allein schon wegen des Rezeptnamens.“
Sybille, Patentante von Emma, Journalistin

Der Trick: Kelpamare ist das „Maggi“ der Bioküche. Es wird aus Seetang hergestellt – und bringt so neben einer angenehmen Würze auf natürliche Art Jod, Magnesium und Kalium ins Essen.

Toskana-Burger mit Bruschetta

Die Besten von McMama

Für 8 kleine Burger
200 g Rinderhackfleisch
80 g frische Bratwurst
30 g Grissini (ital. Knabberstangen, aus dem Supermarkt)
4 EL Milch
2 Knoblauchzehen
1 Ei (M)
3 EL Basilikumblättchen (gehackt)
3 EL Parmesan (gerieben)
Salz, Pfeffer, Thymian (getrocknet)
2 EL Olivenöl
250 g Tomaten
1 TL Balsamico-Essig
Ciabatta-Brot oder helles Bauernbrot

- Hackfleisch in eine Schüssel geben und die Bratwurstmasse aus der Haut dazudrücken.
- Grissini im elektrischen Zerhacker fein mahlen, in einer kleinen Schüssel mit der Milch beträufeln, kurz ziehen lassen.
- Knoblauch schälen. Grissini-Milchgemisch, Ei, 1 durchgepresste Knoblauchzehe, Basilikum und Parmesan zum Fleisch geben und alles gut vermischen. Mit Salz, Pfeffer und 2–3 Prisen Thymian kräftig würzen.
- Mit angefeuchteten Händen aus der Fleischmasse 8 Burger formen, mit 1 EL Olivenöl bestreichen und grillen.
- Tomaten kreuzweise einritzen, mit kochendem Wasser überbrühen und kurz ziehen lassen. Abgießen, kalt abspülen und die Haut abziehen.
- Tomaten vierteln, entkernen, Fruchtfleisch fein hacken. Mit restlichem Olivenöl und Balsamico-Essig vermischen, mit Salz und Pfeffer abschmecken.
- Brot in Scheiben schneiden, auf dem Grill kurz rösten und mit der zweiten Knoblauchzehe einreiben. Tomatenstückchen auf dem Brot verteilen. Toskana-Burger mit den Tomaten-Bruschettas servieren.

Trick: Kids mit Heißhunger auf Burger? Den können sie mit unserer Toskana-Variante mit gutem Gewissen stillen. Die Frikadellen enthalten nämlich nicht viel Fett, dafür aber gutes Eiweiß und die Spurenelemente Eisen, Zink und Selen. Dazu gibt's knuspriges Brot – vitaminreich bestückt!

Halloumi-Sticks

Auch Käse kann man grillen!

Für 8 Sticks
8 Holz-Schaschlikspieße
1 Halloumi-Grill-Käse (aus dem Kühlregal, 250 g)
250 g Tomaten
Salz, Pfeffer
2 EL Olivenöl
Alu-Grillschalen

- Schaschlikspieße 10 Minuten in eine Schüssel mit kaltem Wasser legen, damit sie beim Grillen nicht verbrennen.
- Halloumi-Käse in 2 Scheiben schneiden, Scheiben der Länge nach in 8 gleich dicke Streifen schneiden.
- Für den Dip Tomaten kreuzweise einritzen, überbrühen und kurz ziehen lassen. Abgießen, kalt abspülen und häuten. Dann vierteln, entkernen und grob hacken.
- Fruchtfleisch in einen Rührbecher geben, fein pürieren und mit Salz und Pfeffer abschmecken. Halloumi-Sticks mit dem Tomaten-Dip anrichten.
- Käse-Sticks auf die Schaschlikspieße stecken, mit Olivenöl bestreichen und in Grillschalen auf dem Rost braten, bis der Käse anfängt zu bräunen.

Der Trick: Der „Stockbrot-Effekt“ für Kids, die sonst nicht so gerne Käse essen – vom Stäbchen geknabbert, steigt der Beliebtheitsgrad plötzlich steil an. Sehr gut, denn so wandern Kalzium und fettlösliche Vitamine in den Kindermagen!

Poseidon-Päckchen

Sieht überhaupt nicht aus wie Fisch!

Für 4 Päckchen
1 großes Bananenblatt (aus dem Asialaden)
1 Knoblauchzehe
2 EL Olivenöl
4 EL Zitronensaft
Salz, Pfeffer
200 g Schwertfischfilet
Holzzahnstocher
Alu-Grillschalen
Pappadams („Knusperfladen“ aus Linsenmehl, aus dem Asialaden)

- Bananenblatt in einer Schüssel mit kochendem Wasser überbrühen, kurz ziehen lassen, kalt abspülen, mit Küchenpapier trockentupfen, in 4 gleich große Rechtecke (ca. 20 x 30 cm) schneiden.
- Knoblauch schälen. Olivenöl mit Zitronensaft und durchgepresstem Knoblauch vermischen, salzen, pfeffern.
- Schwertfischfilet waschen, mit Küchenpapier trockentupfen, in 8 gleich große Stücke schneiden.
- Je 2 Fischstücke in die Mitte von 1 Bananenblatt-Rechteck setzen, mit Olivenöl-Zitronen-Mischung beträufeln, nochmals leicht salzen und pfeffern.
- Bananenblätter über dem Fisch zusammenklappen, Enden wie bei einem Bonbon zusammenfalten und mit Holzzahnstochern (auch Büroklammern oder Heftklammern eignen sich dafür) feststecken. Poseidon-Päckchen auf Grillschalen legen und auf dem Rost 5–6 Minuten braten.
- Pappadams auf dem Grill von jeder Seite ca. 1 Minute braten.

Die Pappadams bleiben längere Zeit knusprig – sie lassen sich deshalb gut vorbereiten und können auch schon zwischendurch auf den Grill gelegt werden.

Trick: In dieser exotischen Verpackung kommt der Fisch bestimmt gut an – der Schwertfisch bleibt darin fest, was Kinder mögen. Dieses Fischfilet ist relativ kalorienarm und enthält viel Eiweiß aus wertvollen Aminosäuren. Auch das Spurenelement Jod, mit dem die meisten Kinder (und Erwachsenen) in Deutschland nicht sonderlich gut versorgt sind, liefert der schmackhafte Seefisch. Und die knusprigen Linsenfladen bringen zusätzlich Blut bildendes Eisen!

Fingerfood für unterwegs

Mit unseren handlichen Snacks für unterwegs lässt sich das fröhliche „Wir verzieren das Auto mit Wurst und Butter" hoffentlich irgendwie in Grenzen halten ...!

Herzen ausstechen. Jetzt die kleinen Herzchen versetzt vorsichtig in die großen Brotscheiben hineindrücken, sodass zweifarbige Herzen entstehen – also immer ein kleines helles Vollkornherzchen in ein großes dunkles Herz und umgekehrt. Das ist ganz unkompliziert: Wichtig ist nur, dass die Brotscheiben schön weich und „formbar" sind, damit sie beim Ausstechen und wieder Einsetzen nicht brechen!

- Alle Herzchenbrote auf einer Seite mit Frischkäse bestreichen. Aus der Putenwurst ebenfalls große Herzen ausstechen und auf jeweils ein Brotherz legen. Restliche Brotherzen mit der bestrichenen Seite darauf legen und gut andrücken.

Der Trick: Macht Kids unterwegs mehr an als ein langweiliges Wurstbrot und ist mit Frischkäse und magerer Putenwurst schön leicht. Und das gesundeVollkorn haben wir auch wieder mit reingeschmuggelt.

Herzchen-Sandwich

Boxenstopp mit Vollkorn

Für 4 Personen
4 Scheiben weiches, dunklesVollkornbrot
4 Scheiben weiches, helles Vollkornbrot (z.B. Grahambrot)
je 1 großer und 1 kleiner Plätzchenausstecher (Herzen oder andere Formen)
60 g Frischkäse
4 Scheiben Putenbierschinken

- Aus allen Brotscheiben zunächst mit dem großen Plätzchenausstecher Herzen (etwa in Scheibengröße, nur ohne Kruste) ausstechen. Dann aus der Mitte der großen Herzen kleine

Lunchbox-Pastetchen

Luftige Teilchen mit leckerer Füllung

Für 8 Stück
2 große Platten Blätterteig
(aus der Tiefkühltruhe, ca. 200 g)
1 runder Plätzchenausstecher oder 1 Glas
(ca. 5 cm Durchmesser)
3 EL Frischkäse
50 g gekochter Schinken (fein gehackt)
50 g Butterkäse (fein gehackt)
Salz, Pfeffer
1 Eigelb (M)
1 EL Milch

- Tiefgekühlte Blätterteigplatten antauen lassen, etwas ausrollen. Mit dem Plätzchenausstecher oder mit dem Glas daraus 16 Kreise ausstechen.
- Backofen auf 200° vorheizen.
- Frischkäse mit Schinken- und Käsestückchen vermischen, salzen und pfeffern.
- Käse-Schinkenmasse auf der Mitte von 8 Blätterteigkreisen verteilen. Restliche Teigkreise darauf setzen und leicht andrücken. Dann mit einer Gabel rundherum richtig festdrücken. „Deckel“ mit der Gabel mehrmals einstechen.
- Pastetchen auf ein mit Backpapier ausgelegtes Blech setzen. Eigelb und Milch verrühren, Pastetchen damit bestreichen. Im vorgeheizten Ofen auf der mittleren Schiene in 8–10 Minuten goldbraun backen.

Der Trick: Schinken und Käse sind in attraktiven Mini-Pastetchen verpackt. Zu den nahrhaften Küchlein schmecken den Kids auch bunte Gemüse-Sticks aus Salatgurke, Möhren, Paprika und Kohlrabi (am besten schon geschält und geschnitten in einer Extra-Lunchbox servieren).

Grissini-Spießchen

Sogar die Spießchen kann man futtern ...

Für 4 Stück
2 Grissinistangen (ital. Knabberstangen, gibt’s auch aus Dinkelmehl im Bio-Laden)
4 Mini-Babybel (aus dem Supermarkt)
4 Streifen rote Paprikaschote (ca. 2 cm breit)
4 Scheiben Fleischwurst (ca. 1,5 cm dick, ohne Haut)

- Grissinistangen quer halbieren. In Käse, Paprika und Wurst mit einem Messer in die Mitte einen kleinen Schnitt machen, je 1 Käse, 1 Paprikastreifen und 1 Stück Fleischwurst auf eine Grissini-Hälfte stecken.
- Grissini-Spießchen in einer Lunchbox transportieren.

Der Trick: Spießchen gehen bei Kids immer. Und wenn man die auch noch mitessen kann – klasse! Die krossen Stäbchen sind mit kleinen Häppchen aus Käse, Wurst und Paprika bestückt, damit sie möglichst schnell und leicht den Weg von der Hand in den Mund finden.

Geburtstag

Herzlichen Glückwunsch!

„Happy Birthday to you, Marmelade im Schuh“ – ein netter Geburtstagsgruß, den sich die Kids da in Schule und Kindergarten so zusingen!
Bei uns gibt's zur Geburtstags-Party viele süße und herzhafte Köstlichkeiten, die – so hoffen wir! – jedes Kinderherz höher schlagen lassen.

Mein Kühlschrank kann Kuchen backen!
Aus einem leckeren (und sogar Vollkorn-) Biskuit lassen sich eiskalt die schönsten Lastwägen und Fußbälle für heiße Geburtstagsfeten aus dem Kühlschrank zaubern!

Fußball-Kuchen

Schoko-Ball für kleine Kicker – Weltmeisterklasse!

Für 1 großen Fußball
150 g Zartbitterschokolade (66 % Kakao-Anteil)
500 ml Sahne
25 g Mandeln (gehackt)
25 g Haselnüsse (gehackt)
25 g Puderzucker
1 Rezept „Kids-Biskuit" (Rezept Seite 125)
3–4 EL Orangensaft
150 g Schokoglasur (Fertigprodukt)
Puderzucker zum Anrichten

- 100 g Zartbitterschokolade raspeln.
- Restliche Schokolade mit 100 ml Sahne im Wasserbad schmelzen lassen, kurz abkühlen lassen.
- Mandeln und Haselnüsse in einer Pfanne ohne Fett hellbraun rösten.
- Restliche Sahne mit Puderzucker steif schlagen. Schokoraspel und Nüsse unterheben.
- Sahne in zwei Hälften teilen. Geschmolzene Schokolade unter eine Sahnehälfte rühren.
- Eine Schüssel (ca. 18 cm Durchmesser, 10 cm hoch) mit Klarsichtfolie auslegen. Biskuitboden in Dreiecke schneiden. Schüssel von der Mitte ausgehend mit den Dreiecken „auskleiden".
- Teigdreiecke mit Orangensaft beträufeln, leicht festdrücken.
- Nuss-Sahne löffelweise auf dem Biskuitteig verstreichen, für ca. 20 Minuten kalt stellen. Dann Schokosahne einfüllen, mit den restlichen Biskuitdreiecken abdecken und leicht festdrücken. Kuchen mit Klarsichtfolie abdecken und über Nacht im Kühlschrank fest werden lassen.
- Zum Anrichten Schokoglasur nach Packungsanweisung schmelzen.
- Biskuit vorsichtig auf eine Kuchenplatte stürzen, Klarsichtfolie abziehen. Kuchen mit Glasur beträufeln und im Kühlschrank in ca. 15 Minuten fest werden lassen.
- Puderzucker mit wenig Wasser zu einem dicklichen Zuckerguss verrühren. In eine Gefriertüte geben, eine kleine Ecke abschneiden und rundherum Sechsecke als „Fußball-Muster" aufspritzen, fest werden lassen.

Trick: Ein Traumkuchen für Kids, die später unbedingt mal Fußballprofi werden wollen. Sahne und Schokolade machen den Kuchen ziemlich gehaltvoll, schneiden Sie ihn also in kleine Stücke. Und danach raus auf die Fußballwiese!

Kids-Biskuit

Ein Multitalent mit Knusperfaktor

Das Grundrezept für alle Kühlschrankkuchen
4 Eier
100 g Zucker
abgeriebene Schale von 1 Zitrone (unbehandelt)
80 g Weizenvollkornmehl (fein gemahlen, aus dem Reformhaus oder Bioladen)
80 g Braunhirse (fein gemahlen, aus dem Reformhaus oder Bioladen)
1 TL Backpulver

- Eier trennen. In einer Rührschüssel Eiweiß und 2 EL kaltes Wasser mit den Schneebesen des elektrischen Handrührers steif schlagen. Zucker langsam einrieseln lassen und weiter rühren, bis der Eischnee glänzt.
- Handrührer auf niedrigste Stufe stellen, unter Rühren Eigelb und abgeriebene Zitronenschale zugeben. Weizenvollkornmehl, Hirse und Backpulver vermischen und vorsichtig unter die Masse heben.
- Ein tiefes Backblech mit Backpapier auslegen, Teig darauf verteilen und glatt streichen.
- Backblech auf die mittlere Schiene des kalten Backofens schieben. Ofen auf 180° stellen und den Kuchen 25 Minuten backen, bis er leicht gebräunt ist. Herausnehmen, abkühlen lassen und nach Belieben weiterverarbeiten.

Für kleine Kuchen lässt sich das Teig-Rezept übrigens ganz einfach halbieren und – mit Alufolie abgetrennt – auf der Hälfte eines Blechs backen.

Tipp für eine feine „Resteverwertung“: Biskuit-Reste grob hacken, in Dessertschüsselchen geben und mit Orangensaft beträufeln. Mit Mascarpone-Creme (Rezept Seite 126) und Früchten zu einem schnellen „Trifle“-Dessert schichten.

Hat's geschmeckt? fragt Harry Bär
„Biskuit war mir früher immer zu kompliziert, aber dieses Rezept ist ganz einfach zu backen. Und bei Junes Party war der Kuchen der absolute Renner.“
Frank, Vater von June, Web-Designer

Der Trick: Weil der Kids-Biskuit so einfach ist, können ihn auch eher ungeübte Papas und Mamas oder „Kinder-Bäcker“ backen. Er ist schön leicht – weil Biskuit – und trotzdem eine „gesunde“ Variante – weil aus Vollkorn- und Hirsemehl. Weizen, aus ganzem Korn vermahlen, ist reich an B-Vitaminen und Mineralstoffen, und Hirse ist das Getreide mit dem höchsten Eisengehalt.
Eine gute Grundlage also für sämtliche Backvorhaben! Beim Thema Süßes zum Geburtstag kann man gesundheitsmäßig ruhig mal ein Auge zudrücken: An diesem besonderen Tag ist ein bisschen Zucker erlaubt!

Geburtstags-Zahlen

Heute werd' ich endlich sechs!

Für ca. 10-mal die Zahl 6
1 Portion Kids-Biskuit (Rezept auf dieser Seite)
6 EL Quark (20 % oder 40 % F. i. Tr.)
5 EL Orangensaft
4 EL flüssiger Honig
80 g dunkle Schokolade (66 % Kakao-Anteil)

Nach Belieben:
Erdbeer-, Ananas- und Nektarinenscheiben

- Aus dem Biskuit ca. 10 große Zahlen ausschneiden („frei Hand“ oder mit Hilfe von vorher gezeichneten und ausgeschnittenen Papierschablonen).
- Quark mit Orangensaft und Honig vermischen, Biskuitzahlen damit bestreichen.
- Schokolade grob hacken und im heißen Wasserbad schmelzen lassen.
- Geburtstagszahlen mit Fruchtscheibchen belegen und mit der geschmolzenen Schokolade dekorativ beträufeln.

Der Trick: Absolut angesagt – Geburtstagszahlen zum Aufessen! Mit saftiger Quarkcreme und leckeren Früchten belegt, bringen sie ganz nebenher eine schöne Portion Kalzium und Vitamine.

Rosa Wolke

Ein himmlischer Genuss!

Für 1 Kuchen
1/2 Portion Kids-Biskuit (Rezept Seite 125)
200 g Erdbeeren
2 EL Birnendicksaft
200 ml Sahne
3 EL Puderzucker
2 EL Orangensaft
100 g frische Himbeeren

- Biskuit wie eine Wolke ausschneiden („frei Hand" oder vorher aus Papier eine Schablone ausschneiden).
- Erdbeeren putzen, waschen, trockentupfen und grob würfeln. In einem Rührbecher mit dem Pürierstab fein pürieren, Birnendicksaft unterrühren.
- Sahne mit 1 EL Puderzucker steif schlagen, die Hälfte des Erdbeerpürees untermischen. Restliches Püree mit Orangensaft vermischen und auf der Biskuit-Wolke verteilen.
- Himbeeren waschen, vorsichtig mit Küchenpapier trockentupfen.
- Rosa Sahne auf der Biskuit-Wolke verteilen. Mit den Himbeeren zum Beispiel den Anfangsbuchstaben des Geburtstagskindes „hineinmalen", Puderzucker darüber stäuben.

Der Trick: Kleines Kuchenwölkchen mit lockerer Fruchtsahne aus ganz natürlichen Zutaten. Und: mit wenig Zucker!

Obst-**Pizza**

O Sole Fruchto ...!

Für 1 Pizza mit ca. 28 cm Durchmesser
1 Portion Kids-Biskuit (Rezept Seite 125)
4 EL Mascarpone (ital. Frischkäse)
4 EL Orangensaft
1/2 TL gemahlene Vanille (aus dem Reformhaus oder Bioladen)
5 EL Birnendicksaft
6 EL Himbeerpüree (Rezept Seite 86)

Nach Belieben:
Kiwischeiben, Erdbeerscheiben, Nektarinenspalten, Ananasscheiben und Kirschen (mit Stiel) – oder andere Früchte der Saison
4 EL weiße Schokolade (geraspelt)

- Aus dem Biskuit mit Hilfe einer großen Schüssel (ca. 28 cm Durchmesser) einen Kreis ausschneiden.
- Mascarpone mit Orangensaft, Vanille und 3 EL Birnendicksaft vermischen und auf dem „Pizza-Boden" verstreichen.
- Himbeermark mit restlichem Birnendicksaft vermischen, auf dem Mascarpone verteilen und glatt streichen.

- Obst-Pizza dekorativ mit Kiwischeiben, Erdbeerscheibchen, Nektarinenspalten, Ananasscheiben und Kirschen belegen. Weiße Schokoraspeln darüber streuen.

Trick: Schon der Anblick des pfiffigen Obstkuchens verheißt den ultimativen Genuss! Und tatsächlich: Gäbelchen für Gäbelchen verschwinden die vitaminreichen Früchte im Mund der Kids – das endgültige „Aus“ für Omas Obstboden mit Gelatineguss!

Obst-Lastwagen

Für kleine Autofans

Für 1 Kuchen
1 große Portion Kids-Biskuit (Rezept Seite 125)
10 EL Orangensaft (frisch gepresst)
150 g Mascarpone (ital. Frischkäse)
4 EL Birnendicksaft
60 g Erdbeerscheibchen
Puderzucker und Kakaopulver zum Bestäuben
Erdbeeren (mit Grün)
Kirschen (mit Stiel)

- Kids-Biskuit quer halbieren, Hälften übereinander legen und frei Hand oder mit einer vorgefertigten Papierschablone einen Lastwagen ausschneiden.
- Aus den Biskuit-Resten mit einem Plätzchenausstecher oder einem Glas 4 Kreise für die Räder ausstechen.
- 1 Lastwagen-Biskuit mit 6 EL Orangensaft beträufeln.
- Mascarpone mit restlichem Orangensaft und Birnendicksaft vermischen, die Hälfte der Masse auf den mit Saft getränkten Lastwagen verteilen und mit Erdbeerscheiben belegen.
- Zweiten Lastwagen und die Räder mit der restlichen Mascarponecreme bestreichen. Räder zusammensetzen, zweiten Lastwagen-Biskuit auf den mit Erdbeerscheiben belegten setzen und leicht andrücken.
- Fahrerhäuschen und Räder vom Lastwagen durch ein Sieb mit Puderzucker, die Karosserie mit Kakaopulver bestäuben. Lastwagen auf eine Kuchenplatte setzen.
- Erdbeeren und Kirschen waschen, mit Küchenkrepp trockentupfen und dekorativ auf der Ladefläche verteilen.

Trick: Vor allem junge Herren werden begeistert sein – endlich mal ein Kuchenmodell ganz nach ihrem Geschmack! Wetten, dass sie auch beim „Entladen“ der vitaminreichen Früchte gerne helfen?

Geburtstagsparty-Futter in XS!

Von Mini-Schnitzel bis Mini-Burger: pikante kleine Köstlichkeiten für kleine Leute in der idealen Kinder-Portionsgröße. Und es besteht die Hoffnung, nach der Feier nicht an jeder Ecke angebissenes Zeug zu finden ...

Würstchen-Kette

Ein bisschen Spaß muss sein ...

Für 10 Kinder
10 Wiener Würstchen (oder Frankfurter oder Bockwürste, gibt's auch vom Putenfleisch)
Paketschnur
Haushaltszwirn

- Würstchen einzeln mit Haushaltszwirn in ausreichendem Abstand als „Kette“ an eine lange Paketschnur knoten.
- Die Würstchen-Kette zum Beispiel im Garten zwischen zwei Bäumen oder in der Wohnung zwischen zwei Wänden so aufhängen, dass die Kinder die Würstchen mit leichten Sprüngen und, ohne die Hände zu benutzen, mit dem Mund schnappen können.

Bei diesem Ess-Spaß-Event ist Umfallen praktisch schon vorprogrammiert. Bitte darauf achten, dass die Kids möglichst weich landen ...

Steinzeitplatte

Bei Caveman zu Hause

Für 6 Portionen
6 Hähnchenunterschenkel (ca. 500 g)
1 Portion Mamas Ketchup (Rezept Seite 57)
500 g Mini-Spareribs (Schweinerippchen, vom Metzger etwa 10 cm lang schneiden lassen)
Salz
12 neue Kartoffeln (ca. 500 g)
3 EL Olivenöl
2 EL grobes Meersalz
Zweige (aus dem Garten oder Obstzweige vom Blumenhändler)

- Hähnchenschenkel waschen, mit Küchenpapier trockentupfen, Haut weitgehend entfernen.
- Hähnchenschenkel mit 2–3 EL Ketchup in einer Schüssel vermischen, mindestens 30 Minuten durchziehen lassen.

- Spareribs waschen, in kochendem Salzwasser 15–20 Minuten köcheln lassen. Herausnehmen und der Länge nach in einzelne Rippchen schneiden. Spareribs in einer Schüssel mit 4 EL Ketchup vermischen, 30 Minuten durchziehen lassen.
- Kartoffeln waschen, mit Schale in leicht gesalzenem Wasser aufkochen und ca. 15 Minuten garen lassen. In ein Sieb abgießen, in einer Schüssel mit 2 EL Olivenöl vermischen.
- Backofen auf 200° vorheizen. Ein Backblech mit Backpapier auslegen, Hähnchenschenkel, Spareribs und Kartoffeln jeweils in einer Reihe verteilen. Kartoffeln mit Meersalz bestreuen, Fleisch mit dem restlichen Olivenöl bepinseln. Alles auf der mittleren Schiene in 25–30 Minuten goldbraun braten.
- Kartoffeln nach Belieben auf angespitzte Zweige spießen. Mit dem Fleisch auf einer großen Platte anrichten, Mamas Ketchup dazu servieren.

Unbedingt Servietten bereithalten!

Der Trick: Essen wie die Neandertaler – ein echter Hit! Die Kartoffeln am Spieß verpassen den kleinen Höhlenbewohnern wertvolle Kohlenhydrate, und mit Spareribs und Hähnchenschenkeln kommen auch noch ein paar B-Vitamine und Spurenelemente dazu.

Pizzini

Hier kochen die Kids!

Für 8 Mini-Pizzen
1 Packung Pizzateig (Fertigprodukt aus dem Kühlregal, 230 g)
1 großer runder Plätzchenausstecher
passierte Tomaten (Fertigprodukt)
Salz, Pfeffer

Für den Belag nach Belieben:
gekochter Schinken
rotes und gelbes Paprikafruchtfleisch
Salami
Champignons
Zucchini
junger Gouda

- Backofen auf 250° vorheizen. Aus dem ausgerollten Fertigteig mit einem großen Plätzchenausstecher oder einem Glas ca. 10 cm große Kreise ausstechen und auf ein mit Backpapier ausgelegtes Blech legen.
- Tomaten-Püree mit Salz und Pfeffer würzen und auf die Teigböden streichen.
- Schinken in Stückchen, Paprikafruchtfleisch in feine Streifen, Salami, Champignons und Zucchini in feine Scheibchen schneiden. Gouda grob raspeln.
- Zutaten in Schälchen füllen – dann darf jedes Kind „seine" Pizza ganz nach Wunsch selbst belegen.
- Die „Pizzini" im vorgeheizten Ofen auf der mittleren Schiene in 8–10 Minuten backen.

Am besten eine „Pizzini-Liste" führen: Namen der Kids und dazugehörige Nummer, die man dann aufs Backpapier unter die Pizza schreibt – sonst ist der Streit, wem welche Pizza gehört, gleich vorprogrammiert.

Hat's geschmeckt? fragt Harry Bär
„Die Pizzini waren der Hit bei Niklas' Geburtstagsparty. Die Kids haben aus Tomaten, Schinken und Käse lauter kleine Pizza-Kunstwerke gemacht und – mit um so mehr Genuss – verdrückt."
Ines, Mutter von Niklas, Tristan und Lilith, Ökotrophologin

Der Trick: Hier gibt's Pizza im XS-Format – diese Portion schaffen auch kleinere Kinder locker, ohne dass was übrig bleibt. Und weil sie sich beim Belegen vor lauter Kreativität gegenseitig überbieten wollen, wimmelt's auf den Pizzini nur so vor gesundem, buntem Gemüse.

Gurkenbecher

„Fastfood“ aus Gemüse

Für 10 Stück
2 Salatgurken
10 EL Frischkäse
4 EL Zitronensaft
Salz
Grissini (ital. Knabberstangen, gibt's auch als „Dinkel-Grissini“ im Bio-Laden)

- Gurken waschen, abtrocknen und quer in ca. 5 cm große Stücke schneiden (Stielansatz entfernen). Mit einem kleinen Löffel Kerne vorsichtig so weit heraus lösen, dass ein „Boden“ erhalten bleibt.
- Gurkenbecher von innen mit Küchenpapier trockentupfen. Frischkäse mit Zitronensaft und Salz abschmecken (oder die Paprika-Frischkäsecreme, Rezept Seite 39, verwenden).
- Frischkäsecreme in die Gurkenbecher füllen, je 1 quer halbierte Grissinistange hineinstecken, auf einer Platte anrichten.

Trick: „Schnell-Essen“ aus Gemüse! Gurken mit „Knabber-Stiel“ sind schnell gefuttert und liefern auf leichte Art Eiweiß, Mineralstoffe und Vitamine.

Hat's geschmeckt? fragt Harry Bär
„Wir haben die Gurkenbecher als Schul-Snack eingesetzt – die sollen auf dem Pausenhof eine echte Attraktion gewesen sein.“
Lothar, Vater von Niklas, Tristan und Lilith, Software-Entwickler

Schnitzel-Burger

Minis mit Biss

Für 12 Stück
1 großes Putenschnitzel (ca. 180 g)
Salz, Pfeffer, Paprikapulver (edelsüß)
1 Ei (M)
3 Scheiben Roggenknäckebrot
2 EL Paniermehl
2 EL Sonnenblumenöl
12 Mini-Party-Brötchen (beim Bäcker vorbestellen)
12 EL Mamas Ketchup (Rezept Seite 57)
12 Gurkenscheiben
12 Kirschtomatenscheiben

- Putenschnitzel waschen und mit Küchenpapier trockentupfen. Einmal längs halbieren, dann quer in 12 gleich große Stücke schneiden. Fleischstücke mit dem Handballen leicht flachdrücken, mit Salz, Pfeffer und Paprikapulver würzen.

- Ei in einem tiefen Teller mit Salz und Pfeffer verquirlen. Roggenknäckebrot grob zerteilen und im elektrischen Zerhacker ganz fein mahlen.
- Gemahlenes Knäckebrot mit Paniermehl auf einem flachen Teller vermischen. Schnitzelchen zuerst durch das Ei ziehen, dann im Paniermehl wenden, leicht andrücken.
- Öl in eine große beschichtete Pfanne geben, Mini-Schnitzel bei mittlerer Hitze 5–6 Minuten braten, einmal wenden.
- Party-Brötchen so aufschneiden, dass sie an einer Seite noch zusammenhalten. Inneres mit Ketchup bestreichen. Je 1 Gurkenscheibe, 1 Mini-Schnitzel und 1 Kirschtomatenscheibe hineinlegen. Brötchen leicht zusammendrücken, Schnitzel-Burger auf einer Platte anrichten.

Trick: Im knusprigen Minibrötchen mit Schnitzelchen versteckt sich das frische Zubehör. Kleiner Nährstoff-Kick für eine lange Party!

Meatball-Pralinen

Mundgerechte Snack-Kombi

Für ca. 30 Bällchen
250 g Tatar (oder Rinderhackfleisch)
2 EL Zwiebel (fein gerieben)
1 Ei (M)
Salz, Pfeffer, Paprikapulver (edelsüß)
Muskatnuss (gerieben)
2 EL Paniermehl
2 EL Sonnenblumenöl
30 Kirschtomaten
Mamas Ketchup (Rezept Seite 57)
30 Pralinenförmchen (aus dem Supermarkt)

- Tatar mit Zwiebel und Ei vermischen, mit Salz, Pfeffer, Paprika und Muskatnuss würzen. Paniermehl untermischen, alles gründlich verrühren. Mit angefeuchteten Händen ca. 30 kirschgroße Bällchen aus der Fleischmasse formen.
- Öl in einer großen, beschichteten Pfanne erhitzen, Fleischbällchen darin bei mittlerer Hitze in 8–10 Minuten rundherum goldbraun braten. Herausnehmen und auf Küchenpapier abtropfen lassen.
- Von den Kirschtomaten das untere Drittel mit Stielansatz wie einen Deckel abschneiden und die Kerne mit einem kleinen Löffel herauslösen.
- Etwas Ketchup in die ausgehöhlten Tomaten geben, wie einen „Hut“ auf die Fleischbällchen setzen.
- Fleischbällchen mit Tomatenhut in Pralinenförmchen setzen und auf einer Platte anrichten.

Trick: Magere Rindfleischbällchen in Pralinen-Größe – die passen in einem Bissen in den Mund. Und: Sie enthalten viel Eisen, wertvolle B-Vitamine und gesunde Bioaktivstoffe aus den Tomaten.

Süße Geschenke zum Aufessen

Ist doch nett, wenn die Birthday-Gäste nicht nur Geschenke mitbringen, sondern auch selbst welche bekommen!
Mit Muschel-Perlen und Bärchen-Floß kommt auf der Party gleich Super-Stimmung auf.

Muscheln mit Süßperlen

Für süße Tiefseetaucher

Für ca. 30 Stück
große Muschelschalen (entweder selbst gesammelte vom letzten Urlaub oder Jakobsmuschelschalen vom Fischhändler)
50 g Kokosflocken
50 g getrocknete Soft-Feigen (aus dem Reformhaus oder Bioladen)
2 EL Orangensaft
2 EL Birnendicksaft
80 g weiße Schokolade

- Muschelschalen waschen und abtrocknen.
- Kokosflocken in einer beschichteten Pfanne ohne Fett hellbraun rösten.
- Soft-Feigen grob hacken, mit gerösteten Kokosflocken, Orangensaft und Birnendicksaft im elektrischen Zerhacker sehr fein zerkleinern.
- Weiße Schokolade in einem kleinen Topf im heißen Wasserbad schmelzen lassen.

- Mit angefeuchteten Händen aus der Kokosmasse kirschgroße Bällchen formen, in der Schokolade wenden und auf die Muschelschalen setzen.

Der Trick: In der Fantasie der Kids sind die essbaren „Perlen" ein wertvoller Schatz – stimmt ja auch, denn sie enthalten gesunde Kokosflocken und Trockenfrüchte.

Hat's geschmeckt? fragt Harry Bär
„Die Perlen waren in meiner Kindergruppe der absolute Renner. Könnt ihr nicht jeden Tag vorbeikommen?"
Maria, Erzieherin in der Mittagsbetreuung

Schoko-Brownies

Auf alle Fälle lecker!

Für 30 Stück à 4 x 4 cm
80 g Zartbitter-Schokolade (66 % Kakao-Anteil)
100 g Butter
2 Eier (M)
120 g Zucker
100 ml Birnendicksaft
90 g Mehl
1/2 TL Backpulver
1/2 TL gemahlene Vanille (aus dem Reformhaus oder Bioladen)
70 g gehackte Mandeln
Zimt, Salz
Papierförmchen, Buntpapier und Zahnstocher zum Dekorieren

- Schokolade grob hacken, in einer Schüssel im heißen Wasserbad schmelzen lassen. 90 g grob gehackte Butter zugeben, alles gut mit dem elektrischen Handrührer verrühren, aus dem Wasserbad nehmen und etwas abkühlen lassen.
- Eier und Zucker mit dem Schneebesen des elektrischen Handrührers cremig rühren, Schoko-Butter zugeben. 80 g Mehl, Backpulver, gemahlene Vanille, gehackte Mandeln, je 1–2 Prisen Zimt und Salz zur Schoko-Eimasse geben und unterrühren.
- Backofen auf 180° vorheizen. Ein tiefes Backblech mit der restlichen Butter ausstreichen, mit dem restlichen Mehl bestäuben. Teig einfüllen und im vorgeheizten Backofen auf der mittleren Schiene 25–30 Minuten backen, herausnehmen und etwas abkühlen lassen.
- Kuchen in ca. 3–4 cm große Quadrate schneiden und mit Puderzucker bestäuben.
- Brownies in Papierförmchen setzen. Aus Buntpapier und Holzzahnstochern kleine „Namensfähnchen" basteln und hineinstecken.

Der Trick: Auf der Geburtstagsparty wollen wir beim Thema „gesundes Essen" mal ein Auge zudrücken: Denn diese Schoko-Brownies sind einfach eine kleine Sünde wert ...!

Bärchen-Floß

Süße Party-Gäste

Für 10 Flöße
100 g Zartbitter-Schokolade (66 % Kakao-Anteil)
100 g Haselnüsse (geschält und fein gehackt)
20 Butter- oder Vollkornbutterkekse
20 Fruchtsaft-Gummibärchen

- Schokolade grob hacken und in einer kleinen Schüssel im heißen Wasserbad (oder in der Mikrowelle) schmelzen lassen.
- Gehackte Haselnüsse in einer beschichteten Pfanne ohne Fett bei mittlerer Hitze unter Wenden hellbraun rösten.
- Schokolade (bis auf 1 EL) mit den Nüssen vermischen. 10 Kekse damit bestreichen, restliche Kekse darauf setzen, gut andrücken.
- Je 2 Gummibärchen mit einem kleinen Klecks Schokolade auf der Keksmitte festkleben, etwas andrücken, trocknen lassen.

Der Trick: Mit gekauften Schokokeksen können die „Flöße" leicht mithalten – die Schokofüllung ist superlecker, hat einen hohen Kakao-Anteil und kommt ohne zusätzlichen Zucker aus! Und: Mit dem Bärchen-Floß kann man klasse spielen!

Kinderpralinen-Duo

Spezial-Konfekt für kleine Naschkatzen

Für je 20 Pralinen
40 bunte Staniol-Pralinenförmchen (aus dem Supermarkt oder Haushaltswarengeschäft)

Für die Mandel-Berge:
100 g Mandeln (gestiftelt)
40 g getrocknete Soft-Aprikosen (aus dem Reformhaus oder Bioladen)
2 EL Honig
75 g dunkle Schokolade (66 % Kakao-Anteil)

Für die Banana-Bällchen:
70 g getrocknete Soft-Aprikosen (aus dem Reformhaus oder Bioladen)
30 g Rosinen
30 g Bananen-Chips (aus dem Reformhaus oder Bioladen)
4 EL Orangensaft
2 EL Zitronensaft
75 g dunkle Schokolade (66 % Kakao-Anteil)
1 TL Öl

- Für die Mandel-Berge Mandelsplitter in einer beschichteten Pfanne ohne Fett hellbraun rösten.
- Soft-Aprikosen sehr fein hacken, mit Honig zu den Mandeln in die Pfanne geben und gut vermischen.
- Schokolade in einem kleinen Topf im heißen Wasserbad (oder in einem Schälchen in der Mikrowelle) schmelzen lassen.
- Flüssige Schokomasse und Fruchtmasse gründlich vermischen und mit einem kleinen Löffel portionsweise auf 20 Pralinenförmchen verteilen. Auf einen Teller setzen und im Kühlschrank fest werden lassen.

- Für die Bananen-Bällchen die Soft-Aprikosen grob hacken. Mit Rosinen, Bananen-Chips, Orangen- und Zitronensaft im elektrischen Zerhacker fein zerkleinern.
- Schokolade in einem kleinen Topf im heißen Wasserbad (oder in einem Schälchen in der Mikrowelle) schmelzen lassen.
- Aus der Frucht-Masse mit angefeuchteten Händen kirschgroße Bällchen formen und in der geschmolzenen Schokolade wenden. Auf einen leicht geölten Teller setzen, im Kühlschrank fest werden lassen. Banana-Bällchen in Pralinenförmchen setzen.

Trick: Hier haben wir ins Kinder-Konfekt eine Menge gesunder Zutaten gemogelt: Aprikosen, Rosinen, Mandeln und Zitronensaft. Für die nötige Süße sorgen allein der fruchteigene Zucker der Trockenfrüchte und etwas Honig.

Schoko-Früchtchen

Obst im Anzug!

Für 10 Kinder
10 schöne Kirschen mit Stiel
10 schöne, mittelgroße Erdbeeren mit Grün
80 g Zartbitter-Schokolade (66% Kakao-Anteil)
1/2 TL Sonnenblumenöl
20 kleine Pralinenförmchen (aus dem Supermarkt)

- Kirschen und Erdbeeren waschen und mit Küchenpapier trockentupfen – Stiele und Grün dranlassen.
- Schokolade grob zerhacken, in einer kleinen Schüssel im heißen Wasserbad (oder in der Mikrowelle) schmelzen lassen.
- Kirschen und Erdbeeren jeweils bis zur Fruchtmitte in Schokolade tauchen, auf einen leicht geölten Teller setzen und im Kühlschrank fest werden lassen.
- Schokofrüchte in Pralinenförmchen setzen.

Trick: Hier gibt's feinste Pralinen aus ganzer Frucht – mit einem Hauch von Schokolade. Sehen wunderschön aus, schmecken verführerisch gut und – enthalten Vitamine!

Geburtstag-Drinks, die es in sich haben ...

... nämlich alles, was gut schmeckt, gut aussieht und gut tut. Auf den Strohhalm, fertig, los!

Bärchen-Bowle

Swimmingpool für Obst-Teddys

Für 1 Drink
1 kleiner Plätzchenausstecher (Bärchen)
je 1–2 Apfel- und Birnenscheiben
100 ml Apfelsaft (ohne Zuckerzusatz)
100 ml Birnensaft (ohne Zuckerzusatz)
50 ml stilles Mineralwasser (natriumarm)
1 EL Zitronensaft

- Mit dem Plätzchenausstecher je 3 kleine Bärchen aus Apfel- und Birnenscheiben ausstechen.
- Säfte, Mineralwasser und Zitronensaft gut vermischen und mit den Obstbärchen in ein Glas geben.

Lässt sich ganz leicht verdoppeln, verdreifachen, verzehnfachen ... und so in die passende Party-Menge bringen!

Der Trick: Vitamine und Mineralstoffe schwimmen mit den Bärchen einfach mit. Und für Kinder, die oft kränkeln: 1 TL Acerolasaft (natürlicher Vitamin-C-Saft, aus dem Reformhaus) zugeben – stärkt die Abwehrkräfte!

Hat's geschmeckt? fragt Harry Bär
„Aus Obst kann man also auch so was wie Bärchen machen – die Kids fanden's cool!“
Stephan, Vater von Marvin und Stella, Grafiker

Barbie-Smoothie

Süß und sanft in Rosa

Für 1 Drink
50 g Erdbeeren
1/2 Banane
150 g Soja-Joghurt

- Erdbeeren waschen, putzen und trockentupfen, Banane schälen.
- Früchte klein schneiden, mit dem Soja-Joghurt in einen hohen Rührbecher geben und mit dem Pürierstab pürieren.

Der Trick: Soja-Joghurt ist ideal für Kinder, die auf Milchprodukte leicht mit Bauchschmerzen reagieren (siehe Seite 94–95). Leider hat er im Naturzustand keine besonders attraktive Farbe. Durch die Früchtchen wird er aber schön rosa und (ohne zusätzlichen Zucker!) angenehm süß!

Melony

Hier trinken alle aus einer Melone ...

Für 6 Portionen
1 schöne, mittelgroße Wassermelone
100 ml Orangensaft (frisch gepresst)
2 EL Himbeerpüree (Rezept Seite 86)
2 EL Limettensaft
2 EL Birnendicksaft
bunte Strohhalme

- Wassermelone waschen und trockenreiben. Oberes Drittel wie einen Deckel abschneiden. Das Fruchtfleisch samt Kernen mit einem großen Löffel herauslösen, in eine Schüssel geben und fein pürieren.
- Melonenpüree durch ein Sieb in eine zweite Schüssel streichen und mit Orangensaft, Himbeerpüree, Limettensaft und Birnendicksaft vermischen. Saft kalt stellen.
- Zum Anrichten Melony in die ausgehöhlte Schale füllen und mit Strohhalmen servieren.

Der Trick: Direkt aus der Melonenschale – verlockender lässt sich ein Drink für Kinder kaum servieren! Klasse, dass er dazu so schön erfrischend ist und jede Menge Bioaktivstoffe, Vitamin C und Kalium enthält.

Regenbogen-Shake

Die buntesten Eiswürfel aus dem Obst-Malkasten

Für 5 Gläser
50 g Erdbeeren
50 g Wassermelonenfruchtfleisch (ohne Kerne)
4 EL Orangensaft (frisch gepresst)
100 g Mangofruchtfleisch
je 150 ml Fruchtsaft (entweder Orangensaft – frisch gepresst und gesiebt – oder Fruchtsaft ohne Zucker aus der Flasche, z.B. Ananassaft aus dem Reformhaus)

- Erdbeeren waschen und putzen. Zusammen mit dem Wassermelonenfruchtfleisch in einem Rührbecher mit 2 EL Orangensaft fein pürieren.
- Mangofruchtfleisch grob würfeln, mit restlichem Orangensaft in einem zweiten Rührbecher ebenfalls fein pürieren.
- Beide Fruchtpürees in Eiswürfelbehälter füllen und im Tiefkühler für mindestens 2 Stunden gefrieren lassen.
- Zum Servieren in jedes Glas Fruchtsaft füllen und je 1 gelben und 1 roten Würfel hineingeben.

Der Trick: Weckt müde Lebensgeister – mit extra viel Vitamin C, Beta-Carotin und Bioaktivstoffen.

Zum Gebrauch
Damit Sie Rezepte mit bestimmten Zutaten noch schneller finden können, stehen in diesem Register zusätzlich beliebte und häufig verwendete Zutaten, wie z.B. Äpfel oder Tomaten – ebenfalls alphabetisch geordnet und **halbfett** gedruckt – über den entsprechenden Rezepten.

Register [Stichworte von A bis Z]

Herzlichen Dank! sagt Harry Bär

Liebe Kinder, liebe Eltern! Wir hatten viel Spaß mit euch bei den Fotoproduktionen. Herzlichen Dank, dass wir in eure Töpfe und Teller schauen durften. Hier stehen noch einmal alle, die uns für „Koch's noch mal, Mama!“ unterstützt haben:

Doro Zeeb, Peter Ewald und Augustin Nepomuk – Sonja und Sitka Wunderlich-Eschenbach mit Kilian, Julian und Sofie – Beate und Francois Diop mit Adrien – Helle Munk, Rainer Germann und Jesper – Kirsten und Georg Späth mit Lina – Ines und Lothar Teitge-Blaha mit Niklas, Tristan und Lilith – Sabine Sälzer, Detlev Ullrich und Robertchen – Grund- und Volksschule am Johannisplatz, Rektorin Uschi Veitleder – Angelina und Drazenko Cigic mit Mia – Melanie und Dirk Nienaber mit Marlon und Lino – Christiane und Robert Schäfter mit Ben – Birgit Novak, Dieter Kemmather mit Emma, Paula und Antonia – Claudia Lowitz, Peter Hornung-Schoner und Lucie, Paul und Lotte – Laura Siebauer, Christian Ölbrunner und Zora – Katja Czerny und Fanny – Julia Parker, Peter Rose und Lena – Birgitt Mayer-Winkler, Reinhard Winkler und Clara – Anneke und Dirk Janke mit Leonie – Anja und Stephan Zahm mit Marvin und Stella

Therapieprogramme für übergewichtige Kinder:

Ambulante Therapie
für Adipöse Kinder FITOC
Medizinische Universitätsklinik
Freiburg
Hugstetterstraße 55
79106 Freiburg
www.fitoc.de

Obeldicks
Vestische Kinderklinik Datteln
Dr.-Friedrich-Steiner-Straße 5
45711 Datteln
Tel: 0 23 63 – 9 75 0
Fax: 0 23 63 – 6 42 11
www.kinderklink-datteln.de/Eltern/
Unser_Leistungsspektrum/
obeldicks-therapieangebote.htm

Moby Dick
Präventionszentrum Dr. C. Petersen
Lilienstraße 36
20095 Hamburg
Tel: 040 – 32 52 74 21
Fax: 040 – 32 52 74 22
www.mobydicknetzwerk.de
www.mobydickclub.de
www.mobydickhamburg.de

Weitere Infos:

Arbeitsgemeinschaft Adipositas
im Kindes- und Jugendalter
Universitätsklinik Ulm
Prittwitzstraße 43
89075 Ulm
www.a-g-a.de

„Kinderleicht“, eine Kampagne des deutschen Verbraucherschutzministeriums unter der Schirmherrschaft von Renate Künast, bietet Informationen und Unterstützung beim Thema Übergewicht.
Das Motto lautet:
„Besser essen. Mehr bewegen.“
www.kinder-leicht.net

engels zahm + partner hat „Koch's noch mal, Mama!" von Anfang bis Ende betreut und umgesetzt. Die Münchner Agentur mit den Schwerpunkten Buch und Corporate Publishing hat sich auf die Themen Food und Gesundheit spezialisiert. Hier entstanden in Zusammenarbeit mit GU bereits das grafische Konzept für die erfolgreiche Basic-Kochbuchreihe und viele andere Kochbuchtitel.

Cornelia Trischberger ist freie Food-Journalistin in München. Sie hat für „Koch's noch mal, Mama!" die Rezepte entwickelt, die Texte geschrieben und bei den Fotos für Requisite und Styling gesorgt. Als langjährige Ressortleiterin „Gastlichkeit" bei der Zeitschrift „freundin" und Mutter einer Tochter hat sie sich seit vielen Jahren mit dem Thema „Gesundes Gourmet-Essen" beschäftigt.

Sybille Engels ist Journalistin und Geschäftsführerin bei engels zahm + partner. Sie hat die Idee eines gesunden Kinderkochbuchs, das Spaß machen soll, zum Konzept von „Koch's noch mal, Mama!" entwickelt, das Team zusammengestellt und das Buch bis zur Fertigstellung betreut.

Thomas Jankovic, Grafik-Designer und Geschäftsführer bei engels zahm + partner. Für „Koch's noch mal, Mama!" hat er alle Fotos gemacht und das Layout entwickelt.

Ines Teitge-Blaha, langjährige Food-Redakteurin bei verschiedenen Frauenzeitschriften und jetzt freie Food-Journalistin, war unsere ernährungwissenschaftliche Redakteurin und Lektorin. Die Ökotrophologin und Mutter von drei Kindern hat sich auf das Thema Kinderernährung spezialisiert.

Doren Paal, Ärztin und Homöopathin, ist freie Medizinjournalistin. Sie hat die medizinischen Fakten des Buches recherchiert.

Peter Trischberger, Testkoch für „Koch's noch mal, Mama!". Er sorgte mit Assistentin **Kirsten Späth** fürs Feintuning der Rezepte.

Lisa Söllner, Inhaberin eines Feinschmecker-Lokals in München. Sie hat bei der Fotoproduktion das Food-Styling gemacht.

Weitere Team-Mitarbeiterinnen:
Maria Adam, Grafik und Illustrationen, **Dr. Bettina Schubarth,** Recherche und Schlussredaktion, **Martina Solter,** ernährungswissenschaftliche Beratung, **Dr. Sandra Thieme,** Redaktionsassistenz, **Heike Wodtke,** DTP.

ISBN(10) 3-7742-6630-1
ISBN(13) 978-3-7742-6630-8

Auflage 4. 3.
2007 2006

Das Original mit Garantie

Ihre Meinung ist uns wichtig.
Deshalb möchten wir Ihre Kritik, gerne aber auch Ihr Lob erfahren, um als führender Ratgeberverlag für Sie noch besser zu werden. Darum: Schreiben Sie uns! Wir freuen uns auf Ihre Post und wünschen Ihnen viel Spaß mit Ihrem GU-Ratgeber.

Unsere Garantie:
Sollte ein GU-Ratgeber einmal einen Fehler enthalten, schicken Sie uns bitte das Buch mit einem kleinen Hinweis und der Quittung innerhalb von sechs Monaten nach dem Kauf zurück. Wir tauschen Ihnen den GU-Ratgeber gegen einen anderen zum gleichen oder ähnlichen Thema um.

Ihr GRÄFE UND UNZER VERLAG
Redaktion Kochen & Verwöhnen
Postfach 86 03 25
81630 München
Fax: 089/41981-113
e-mail: leserservice@graefe-und-unzer.de

Programmleitung: Doris Birk
Leitende Redakteurin: Birgit Rademacker
Redaktion: Sabine Sälzer
Lektorat: Adelheid Schmidt-Thomé, Ines Teitge-Blaha
Schlussredaktion: Dr. Bettina Schubarth
Gestaltung, Layout und Illustrationen: Thomas Jankovic
Herstellung: Markus Plötz
Satz/DTP: Heike Wodtke
Repro: REPRO LUDWIG, Zell am See
Druck und Bindung: Appl, Wemding

GRÄFE UND UNZER

Ein Unternehmen der
GANSKE VERLAGSGRUPPE